全国中等卫生职业教育规划教材

供护理、助产及其他医学相关专业使用

护理伦理学

（修订版）

主　编　王晓宏

副主编　刘万梅　尚东丽

编　者　（以姓氏笔画为序）

　　　　王晓宏　西安市卫生学校
　　　　任　静　西安市卫生学校
　　　　刘万梅　新乡卫生学校
　　　　尚东丽　郑州市卫生学校
　　　　章　颖　黑河市卫生学校

秘　书　冀　萌

科学出版社

北　京

内 容 简 介

本书内容突出系统性、适用性和时代性的特点，新增与医学技术发展和法律法规完善相关的护理伦理内容，将临床重点关注内容进行分章单独论述，并将与护士执业资格考试相关重点内容进行标注提取，结合学习需要编写练习题等，共同编入数字化教辅资料，以求理论教学与医学实践密切结合和利于学习掌握与消化。全书共分为12章，前3章为总论部分，主要论述护理伦理学的含义、发展和学习方法，护理伦理学的理论基础、规范体系和基本原则。第4章至第11章论述各个具体护理领域和环节中的护理道德原则和护理道德规范。第12章论述护理道德评价、教育和修养。附录选录了与护理道德伦理相关的法规和条例供学生课外学习。

本书供全国中等卫生职业院校护理、助产及其他医学相关专业使用。

图书在版编目（CIP）数据

护理伦理学 / 王晓宏主编 . —修订本 . —北京：科学出版社，2016

全国中等卫生职业教育规划教材

ISBN 978-7-03-048655-4

Ⅰ. 护… Ⅱ. 王… Ⅲ. 护理伦理学-中等专业学校-教材 Ⅳ. R47

中国版本图书馆 CIP 数据核字（2016）第 127610 号

责任编辑：徐卓立　杨小玲 / 责任校对：邹慧卿
责任印制：李　彤 / 封面设计：黄华斌

版权所有，违者必究。未经本社许可，数字图书馆不得使用

科 学 出 版 社 出版
北京东黄城根北街16号
邮政编码：100717
http://www.sciencep.com

北京凌奇印刷有限责任公司 印刷
科学出版社发行　各地新华书店经销

*

2016年6月第　一　版　　开本：787×1092　1/16
2022年1月第五次印刷　　印张：7 3/4
字数：173 000

定价：18.00 元
（如有印装质量问题，我社负责调换）

全国中等卫生职业教育规划教材
编审委员会
（修订版）

主任委员	于晓谟　毕重国　张　展
副主任委员	封银曼　林　峰　王莉杰　代加平　邓　琪 秦秀海　张继新　张　蕴　姚　磊
委　　员	（以姓氏笔画为序）
	丁来玲　王　萌　王　静　王　燕　王月秋
	王建春　王春先　王晓宏　王海燕　田廷科
	生加云　刘东升　刘冬梅　刘岩峰　安毅莉
	孙晓丹　李云芝　杨明荣　杨建芬　吴　苇
	汪　冰　宋建荣　张石在　张生玉　张伟建
	张荆辉　张彩霞　陈德荣　周洪波　周溢彪
	赵　宏　柳海滨　饶洪洋　宫国仁　姚　慧
	耿　杰　高云山　高怀军　黄力毅　符秀华
	董燕斐　韩新荣　曾建平　靳　平　潘　洁
编辑办公室	杨小玲　郝文娜　徐卓立　康丽涛　杨卫华
	车宜平

全国中等卫生职业教育规划教材
教 材 目 录
（修订版）

1	解剖学基础	于晓谟	袁耀华	主编
2	生理学基础	柳海滨	林艳华	主编
3	病理学基础	周溢彪	刘起颖	主编
4	生物化学概论		高怀军	主编
5	病原生物与免疫学基础	饶洪洋	张晓红	主编
6	药物学基础	符秀华	付红焱	主编
7	医用化学基础	张彩霞	张 勇	主编
8	就业与创业指导	丁来玲	万东海	主编
9	职业生涯规划		宋建荣	主编
10	卫生法律法规		李云芝	主编
11	信息技术应用基础	张伟建	程正兴	主编
12	护理伦理学		王晓宏	主编
13	青少年心理健康		高云山	主编
14	营养与膳食指导	靳 平	冯 峰	主编
15	护理礼仪与人际沟通	王 燕	丁宏伟	主编
16	护理学基础	王 静	冉国英	主编
17	健康评估	张 展	袁亚红	主编
18	内科护理	董燕斐	张晓萍	主编
19	外科护理	王 萌	张继新	主编
20	妇产科护理	王春先	刘胜霞	主编
21	儿科护理	黄力毅	李砚池	主编
22	康复护理	封银曼	高 丽	主编
23	五官科护理		陈德荣	主编
24	老年护理		生加云	主编
25	中医护理	韩新荣	朱文慧	主编
26	社区护理		吴 苇	主编
27	心理与精神护理		杨明荣	主编
28	急救护理技术		杨建芬	主编
29	护理专业技术实训		曾建平	主编
30	产科护理	潘 洁	李民华	主编
31	妇科护理	王月秋	吴晓琴	主编
32	母婴保健	王海燕	王莉杰	主编
33	遗传与优生学基础	田廷科	赵文忠	主编

全国中等卫生职业教育规划教材
修 订 说 明

《全国中等卫生职业教育规划教材(护理、助产专业)》在编委会的组织下,在全国各个卫生职业院校的支持下,从2009年发行至今,已经走过了8个不平凡的春秋。在8年的教学实践中,教材作为传播知识的有效载体,遵照其实用性、针对性和先进性的创新编写宗旨,落实了《国务院关于大力发展职业教育的决定》精神,贯彻了《护士条例》,受到了卫生职业院校及学生的赞誉和厚爱,实现了编写精品教材的目的。

这次修订再版是在前两版的基础上进行的。编委会全面审视前两版教材后,讨论制定了一系列相关的修订方针。

1. **修订的指导思想**　实践卫生职业教育改革与创新,突出职业教育特点,紧贴护理、助产专业,有利于执业资格获取和就业市场。在教学方法上,提倡自主和网络互动学习,引导和鼓励学生亲身经历和体验。

2. **修订的基本思路**　首先,调整知识体系与教学内容,使基础课更侧重于对专业课知识点的支持、利于知识扩展和学生继续学习的需要,专业课则紧贴护理、助产专业的岗位需求、职业考试的导向;其次,纠正前两版教材在教学实践中发现的问题;最后,调整教学内容的呈现方式,根据年龄特点、接受知识的能力和学习兴趣,注意纸质、电子、网络的结合,文字、图像、动画和视频的结合。

3. **修订的基本原则**　继续保持前两版教材内容的稳定性和知识结构的连续性,同时对部分内容进行修订和补充,避免教材之间出现重复及知识的棚架现象。修订重点放在四个方面:①根据近几年新颁布的卫生法规和卫生事业发展规划及人民健康标准,补充学科的新知识、新理论等内容;②根据卫生技术应用型人才今后的发展方向,人才市场需求标准,结合执业考试大纲要求增补针对性、实用性内容;③根据近几年的使用中读者的建议,修正、完善学科内容,保持其先进性;④根据学生的年龄和认知能力及态度,进一步创新编写形式和内容呈现方式,以更有效地服务于教学。

现在,经过全体编者的努力,新版教材正式出版了。教材共涉及33门课程,可供护理、助产及其他相关医学类专业的教学和执业考试选用,从2016年秋季开始向全国卫生职业院校供应。修订的教材面目一新，具有以下创新特色。

1. **编写形式创新** 在保留"重点提示，适时点拨"的同时，增加了对重要知识点/考点的强化和提醒。对内容中所有重要的知识点/考点均做了统一提取，标列在相关数字化辅助教材中以引起学生重视，帮助学生拓展、加固所学的课程知识。原有的"讨论与思考"栏目也根据历年护士执业考试知识点的出现频度和教学要求做了重新设计，写出了许多思考性强的问题，以促进学生理论联系实际和提高独立思考的能力。

2. **内容呈现方式创新** 为方便学生自学和网络交互学习，也为今后方便开展慕课、微课等学习，除了纸质教材外，本版教材创新性提供了手机版APP数字化辅助教材和网络教学资源。其中网络教学资源是通过网站形式提供教学大纲和学时分配以及讲课所需的PPT课件（包含图表、影像等），手机版数字化教辅则通过扫描二维码下载APP，帮助学生复习各章节的知识点/考点，并收集了大量针对性强的各类练习题（每章不低于10题，每考点1~5题，选择题占60%以上，专业考试科目中的案例题不低于30%，并有一定数量的综合题），还有根据历年护士执业考试调研后组成的模拟试卷等，极大地提高了教材内涵，丰富了学习实践活动。

我们希望通过本次修订使新版教材更上一层楼，不仅继承发扬该套教材的针对性、实用性和先进性，而且确保其能够真正成为医学教材中的精品，为卫生职教的教学改革和人才培养做出应有的贡献。

本套教材第1版和第2版由军队的医学专业出版社出版。为了配合当前实际情况，使教材不间断地向各地方院校供应，根据编委会的要求，修订版由科学出版社出版，以便为各相关地方院校做好持续的出版服务。

感谢本系列教材修订中全国各卫生职业院校的大力支持和付出，希望各院校在使用过程中继续总结经验，使教材不断得到完善和提高，打造真正的精品，更好地服务于学生。

编委会

2016年6月

修订版前言

本教材以树立精品意识，体现时代性，适应培养高素质护理技术技能人才为目标。教材认真汲取了《护理伦理学》上一版的精华，结合有关中职院校的教学经验，由多家卫生职业院校集体撰写，供全国中等卫生职业学校相关专业使用。

全书共分为12章，前3章为总论部分，主要论述护理伦理学的含义、发展和学习方法，护理伦理学的理论基础、规范体系和基本原则。第4章至第11章论述各个具体护理领域和环节中的护理道德原则和护理道德规范。第12章论述护理道德评价、教育和修养。附录选录了与护理道德伦理相关的法规和条例供学生课外学习。

本教材在前版教材基础上，根据培养目标和学生学习情况，对部分内容进行了整合，新增了与医学技术发展和法律法规完善相关的护理伦理内容。将临床重点关注内容进行分章单独论述，并将与护士执业资格考试相关重点内容进行标注提取，结合学习需要编写练习题等，共同编入手机版数字化教辅资料，学生可以通过二微码下载APP进行练习、复习，以求理论教学与医学实践密切结合。

教材在编写过程中借鉴、参阅了相关的教材、著作和文献，在此向这些文献资料的作者表示衷心的感谢！

由于编者水平所限，对于不足和疏漏之处，敬请广大师生提出宝贵意见，以便再版提高。

编 者

2016年6月

目 录

第1章 绪论 …………………………… (1)
　第一节 伦理学概述 ………………… (1)
　　一、道德与职业道德 ……………… (1)
　　二、伦理与伦理学 ………………… (3)
　第二节 护理伦理学概述 …………… (4)
　　一、护理伦理学的历史发展概况
　　　　…………………………………… (4)
　　二、护理伦理学的含义与护理道德
　　　　…………………………………… (6)
　　三、护理伦理学的研究对象和内容
　　　　…………………………………… (6)
　　四、护理伦理学与护理学的关系
　　　　…………………………………… (7)
　第三节 学习护理伦理学的意义和方法
　　　　…………………………………… (8)
　　一、意义 …………………………… (8)
　　二、方法 …………………………… (8)
第2章 护理伦理学的理论基础与规范
　　　体系 ………………………………… (10)
　第一节 护理伦理学的理论基础
　　　　…………………………………… (10)
　　一、生命论 ………………………… (10)
　　二、人道论 ………………………… (11)
　　三、美德论 ………………………… (12)
　　四、道义论 ………………………… (12)
　　五、功利论 ………………………… (13)
　第二节 护理伦理学的基本规范
　　　　…………………………………… (13)
　　一、含义和作用 …………………… (13)
　　二、护理伦理规范的内容 ………… (14)
　第三节 护理伦理学的基本范畴
　　　　…………………………………… (16)

　　一、权利与义务 …………………… (16)
　　二、情感与良心 …………………… (18)
　　三、荣誉与幸福 …………………… (19)
　　四、审慎与保密 …………………… (20)
第3章 护理伦理学的原则 …………… (22)
　第一节 护理伦理学的基本原则
　　　　…………………………………… (22)
　　一、概念 …………………………… (22)
　　二、内容 …………………………… (23)
　第二节 护理伦理学的具体原则
　　　　…………………………………… (24)
　　一、不伤害原则 …………………… (24)
　　二、行善原则 ……………………… (25)
　　三、尊重原则 ……………………… (26)
　　四、公正原则 ……………………… (28)
第4章 护理人际关系道德 …………… (30)
　第一节 概述 ………………………… (30)
　　一、护理人际关系的概念 ………… (30)
　　二、研究护理人际关系道德的意义
　　　　…………………………………… (31)
　第二节 护患关系道德 ……………… (31)
　　一、护患关系的成立与分期 ……… (32)
　　二、护患关系的内容及其模式 …… (32)
　　三、护患关系的道德要求 ………… (34)
　　四、影响护患关系的因素 ………… (34)
　　五、改善护患关系的对策 ………… (35)
　第三节 护际关系道德 ……………… (36)
　　一、护际合作关系 ………………… (36)
　　二、护医合作关系 ………………… (37)
　　三、护技合作关系 ………………… (38)
第5章 护患双方的权利与义务 ……… (40)
　第一节 护士的权利与义务 ………… (40)

· iii ·

一、权利 ………………………… (40)
　　二、义务 ………………………… (41)
　第二节　患者的权利与义务 ……… (43)
　　一、权利 ………………………… (43)
　　二、义务 ………………………… (44)

第6章　社区卫生保健和康复护理道德
……………………………………… (46)
　第一节　突发公共卫生事件应急护理
　　　　　道德 …………………… (46)
　　一、突发公共卫生事件及护理人员
　　　　的责任 ………………………… (46)
　　二、突发公共卫生事件应急护理
　　　　道德规范 ……………………… (48)
　第二节　预防接种和健康教育道德
……………………………………… (49)
　　一、预防接种及其护理道德规范
……………………………………… (49)
　　二、健康教育及其护理道德规范
……………………………………… (49)
　第三节　社区保健和家庭病床护理
　　　　　道德 …………………… (50)
　　一、社区保健及其护理道德规范
……………………………………… (50)
　　二、家庭病床护理及其道德规范
……………………………………… (51)
　第四节　自我护理和康复护理道德
……………………………………… (52)
　　一、自我护理及其道德规范 …… (52)
　　二、康复护理及其道德规范 …… (52)

第7章　临床护理道德 ……………… (54)
　第一节　基础护理道德 …………… (54)
　　一、基础护理的含义、特点和伦理
　　　　意义 …………………………… (55)
　　二、基础护理的道德规范 ……… (55)
　第二节　整体护理道德 …………… (56)
　　一、整体护理的含义、特点和意义
……………………………………… (56)
　　二、整体护理道德规范 ………… (57)
　第三节　心理护理道德 …………… (57)

　　一、心理护理的含义、特点和意义
……………………………………… (57)
　　二、心理护理对护理人员素质的
　　　　要求 …………………………… (58)
　　三、心理护理的道德规范 ……… (59)
　第四节　特定部门和治疗过程中的
　　　　　护理道德 ……………… (60)
　　一、门诊、急诊的护理道德 …… (60)
　　二、手术护理道德 ……………… (62)
　第五节　专科患者的护理道德 …… (64)
　　一、妇产科患者的护理道德规范
……………………………………… (64)
　　二、儿科患者的护理道德规范 … (65)
　　三、老年患者的护理道德规范 … (66)
　　四、精神病患者的护理道德规范
……………………………………… (67)
　　五、传染病患者的护理道德规范
……………………………………… (67)

第8章　临终护理和尸体料理道德
……………………………………… (69)
　第一节　临终护理道德 …………… (69)
　　一、临终患者的含义和心理变化
……………………………………… (69)
　　二、临终关怀及其道德意义 …… (70)
　　三、临终护理的道德规范 ……… (70)
　第二节　死亡与安乐死的道德问题
……………………………………… (71)
　　一、死亡标准的演变及其道德意义
……………………………………… (71)
　　二、安乐死及其道德争论 ……… (72)
　　三、死亡教育道德 ……………… (73)
　第三节　尸体料理道德 …………… (74)
　　一、尸体料理及其道德意义 …… (74)
　　二、尸体料理的道德规范 ……… (74)

第9章　现代医学技术应用中的护理
　　　　道德 ……………………… (76)
　第一节　现代生殖技术护理道德
……………………………………… (76)
　　一、现代生殖技术的主要形式及其

发展 …………………………… (77)
二、现代生殖技术的道德冲突 … (77)
三、开展现代生殖技术的道德要求
　　及护士的道德责任 ………… (78)
第二节　器官移植技术 …………… (79)
一、器官移植技术的发展 ………… (79)
二、器官移植技术的道德冲突 …… (79)
三、器官移植技术的道德规范 …… (80)
第三节　基因技术和干细胞技术
　　………………………………… (81)
一、基因诊断与治疗中的伦理规范
　　………………………………… (81)
二、干细胞应用中的伦理规范 …… (81)

第10章　护理管理道德和护理科研
　　　　道德 ……………………… (83)
第一节　护理管理道德 …………… (83)
一、护理管理道德的含义及作用
　　………………………………… (83)
二、护理管理者的素质 …………… (84)
三、护理管理的道德规范 ………… (84)
第二节　护理科研道德 …………… (85)
一、护理科研道德的含义及作用
　　………………………………… (85)
二、护理科研的道德规范 ………… (86)
三、人体试验的道德规范 ………… (87)

第11章　护患沟通及护理纠纷的防范
　　　　与处理 …………………… (88)
第一节　护患沟通及患者的满意度
　　………………………………… (88)
一、沟通过程的基本要素 ………… (89)
二、影响护患沟通的因素 ………… (89)
三、护患沟通的技巧 ……………… (90)
四、提高患者满意度的途径 ……… (91)
第二节　护患冲突、护理纠纷及护理
　　　　事故 ……………………… (91)

一、护患冲突及其调适 …………… (91)
二、诱发护理纠纷的原因及预防护理
　　纠纷的道德要求 …………… (92)
三、护理事故的概念及分类 ……… (93)
第三节　《侵权责任法》下的护理行为
　　………………………………… (94)
一、《侵权责任法》中有关护理安全的
　　规定 ………………………… (94)
二、在《侵权责任法》下预防医疗
　　护理纠纷的伦理对策 ……… (95)

第12章　护理道德评价、教育和修养
　　………………………………… (97)
第一节　护理道德评价 …………… (97)
一、护理道德评价的含义及其作用
　　………………………………… (97)
二、护理道德评价的标准和依据
　　………………………………… (98)
三、护理伦理道德评价的方式
　　………………………………… (99)
第二节　护理道德教育 …………… (100)
一、护理道德教育的含义和特点
　　………………………………… (100)
二、护理道德教育的过程 ………… (101)
三、护理道德教育的方法 ………… (101)
第三节　护理道德修养 …………… (102)
一、护理道德修养的意义 ………… (102)
二、护理道德修养的途径 ………… (103)
三、护理人员修养至善至美 ……… (104)

附录A　国际护士协会护士职业道德准则
　　………………………………… (106)
附录B　护士伦理学国际法 ……… (108)
《护理伦理学》数字化辅助教学资料
　　………………………………… (109)

参考文献 …………………………… (110)

第1章

绪　论

学习要点
1. 伦理学、道德、职业道德、护理伦理学的概念
2. 护理伦理学的研究对象、内容
3. 护理伦理学与相关学科的关系
4. 学习护理伦理学的意义和方法

案例分析

一位晚期癌症患者，并不知自己已患癌症且已濒于死亡，家属担心患者承受不了打击，决定不让患者知道实情。但患者非常焦虑，希望知道自己的病情，以便处理一些事情，并且表示不论病情如何，都已经有了心理准备，此时护士应如何做？如何明确患者的价值观？

请分析

试对该案例护士和患者的行为进行伦理分析。

护理伦理学是研究护理职业道德的一门科学，它是伦理学一个重要分支，也是护理学的重要组成部分。学习和研究护理伦理学，不仅可以指导护理专业服务，控制专业水准，并能协助护理人员明确自己的价值观及角色责任，加强护理专业人员职业道德修养，更好地为维护和促进人类健康服务，推动护理事业的全面发展。

第一节　伦理学概述

一、道德与职业道德

(一) 道德的起源和含义

1. **道德的起源**　道德一词来源于拉丁语中的"mores"一词，意为"习俗、惯例"。在历史发展过程中，人们对道德有不同的解释。其中比较有代表性的主要有以下几种。

"神启论"者认为，道德是由上帝的意志所创造，是上帝向人类颁布的戒律。"天赋论"者

认为,道德是人们与生俱来的"良知"和"理性"。"动物本能论"者则认为,道德是动物的某种合群性本能的直接延续和复杂化的结果。

在中国哲学史上,"道德"最先是指"道"与"德"的关系。孔子主张:"志于道,据于德。"这里的"道"是指理想的人格,"德"指立身根据和行为准则。《老子》中的"道"是指事物运动变化所必须遵循的普遍规律或万物的本体,"德"是指具体事物从"道"所得的特殊规律或特殊性质,对于"道"的认识修养有得于己,即为"德"。韩非认为:"德者道之功",把"德"释为道的功用。道德二字连用并成为一个概念,始于春秋战国时期的《荀子》等书。

马克思主义伦理学认为,道德是人类在社会生活实践中形成的一种社会现象,人类最早的道德观念与思想源自人的社会性,人类社会关系的形成和社会意识的产生是道德产生的前提和基础。道德属于上层建筑,是由经济基础决定的,这是道德的一般本质。由此可见,道德的基本问题是人与人、人与集体及社会利益的关系问题。

2. 道德的含义　道德是指在人们的社会生活实践中形成的,由一定的经济关系决定的,用善恶标准去评价,依靠社会舆论、内心信念和传统习俗来调整人与人、人与社会、人与自然关系的行为准则和规范的总和。我们可以从以下四个方面理解和掌握道德的概念。

(1)道德的本质:道德属于上层建筑,是由经济基础决定的。道德的本质往往引发道德的基本问题,即道德和利益的关系问题。

(2)道德的评价标准:道德以善恶作为评价标准。所谓善的行为,是利于他人、社会幸福的行为,也称为道德行为;而恶的行为则是危害他人和社会幸福的行为,也称为不道德行为。

(3)道德的评价方式:道德依靠社会舆论、内心信念和传统习俗等非强制性力量发挥作用,其调节范围深入到社会生产、生活的各个方面。它与法律的调节方式显然不同。法律带有明显的强制性,其调节的范围局限于是否触犯法律并只存在于阶级社会。

(4)道德的职能和作用:道德的主要功能是调节人与人及人与自然、社会的关系,通过评价、劝阻、示范等手段,指导和纠正个人或集体的行为,使人们的行为更加规范,使人与人、人与社会、人与自然之间的关系更加和谐。

(二)职业道德的含义及特点

1. 职业道德的含义　职业道德亦被称为行业道德,是指从事一定职业的人们在特定的职业生活中应当遵守的行为准则和规范。

每一种职业都有特定的社会关系和利益关系。随着职业种类的增多,社会对从事不同职业的人提出了不同的道德要求,而从事这些职业的人在长期的职业生活中也逐渐养成了特定的职业心理、职业责任心、职业习惯,于是就产生了职业道德。职业道德属于道德的一个组成部分,是一般道德在职业领域中的体现。随着社会的不断发展和进步,在市场竞争日益激烈的今天,职业道德在整个社会道德体系中占有越来越重要的地位。每个从业人员,都应该掌握职业道德规范,在职业生活中按照职业要求的行为规范工作和交往,在职业劳动中实现人生价值,为社会做贡献。

2. 职业道德的特点和作用

(1)职业道德具有四个特点:①在调节范围上具有专业性;②从内容上具有稳定性;③在形式上具有多样性;④在功效上具有适用性。

(2)职业道德的社会作用:①调节职业活动中的人与人的关系;②维护职业活动,使人们认识自己对社会对他人的道德责任及道德关系;③教育、激励人们,使人们有良好的道德素质。

道德与职业道德是一般与特殊的关系。社会道德具有普遍性，职业道德具有专业性。

> **重点提示**
>
> 道德与职业道德是一般与特殊的关系，社会道德具有普遍性、职业道德具有专业性。

（三）护理职业道德的含义和内容

1. **护理职业道德的含义**　护理职业道德是护理社会价值和护士理想价值的具体体现，它与护士的职业劳动紧密结合。它是在一般社会道德基础上，根据护理专业的性质、任务，以及护理岗位对人类健康所承担的社会义务和责任，对护理工作者提出的护理职业道德标准和护士行为规范。它是护士用于指导自己言行，调整护士与患者、护士与集体、护士与社会之间关系，判断自己和他人在医疗、护理、预防保健、护理管理、护理科研等实践过程中的行为是非、善恶、荣辱和褒贬的标准。

2. **护理职业道德的基本内容**　①对护理职业价值的正确认识，这是对道德理论的认知，形成道德观念的基础，也是理解和掌握道德规范的前提；②护理职业道德情感是以纯洁、诚挚的情怀爱护生命，处理职业关系，评价职业行为的善恶、是非；③护理职业道德意志在履行道德义务过程中，自觉克服困难，有排除障碍的毅力和能力；④护理职业道德信念有发自内心的履行"救死扶伤，实行革命人道主义"的真诚信念和道德责任感；⑤良好的职业行为和习惯。

二、伦理与伦理学

（一）伦理

1. **伦理的含义**　在古汉语中，"伦"是"辈"或"类"的意思，引申为人与人之间的关系，"理"的本意是治玉，即加工玉石、整理其纹路的意思，后引申为事务的规则与条理。因而伦理就是指处理人与人之间关系的道理和原则。

2. **伦理与道德的区别**　伦理与道德皆有习惯、风俗之义，但许多学者对它们有不同的解释。"道德"是指道德现象，是个人根据社会所接受的标准而推行的行为。而"伦理"则是道德现象的理论概括，是以哲学的理论来说明社会标准。两者也有密切的联系，道德是伦理思想的客观源泉，是伦理学的研究对象，伦理学遵循了道德的原理。

（二）伦理学

1. **伦理学的含义**　伦理学是一门研究道德的起源、本质、作用及其发展规律的一门科学。它以道德为研究对象，是对社会道德生活在理论上的概括和总结。所以，伦理学又称"道德学"或"道德哲学"。世界上最早使用"伦理学"一词的人，是古希腊著名哲学家亚里士多德，此后伦理学便作为一门独立学科存在和发展，亚里士多德也被人们称之为"伦理学之父"。

2. **伦理学的基本问题**　道德和利益的关系问题是伦理学的基本问题。道德是社会历史的产物，是一定社会经济关系的反映。道德是从一定利益关系中引申出来的，当人与人、人与社会发生利益关系时，就出现了道德问题，道德就是调节利益关系的；个人利益和社会利益的关系是道德和利益关系的重要内容，道德如何调节利益关系，即个人利益服从社会整体利益还是社会整体利益服从个人利益，对这一问题的不同回答就形成了不同的道德体系，也决定了道德活动的标准和方向。

3. 伦理学的体系结构　伦理学的体系结构包括以下3个方面的内容。

(1)道德的基本理论：包括道德的历史类型、发展规律及社会作用等。这些基本问题贯穿于整个伦理学体系之中，起着指导作用。

(2)道德的规范体系：包括道德的基本原则、各种规范及调节人与人之间的关系的某些特殊方面的要求。

(3)道德品质的形成和培养：包括道德评价、道德教育、道德修养。

第二节　护理伦理学概述

护理伦理学是医学伦理学的重要组成部分，它与护理学、护理心理学、社会学、法学等相关学科相互渗透、相互联系，不断汲取新的发展成果，在研究内容及方法上也不断开拓创新。

一、护理伦理学的历史发展概况

(一)我国护理伦理学的萌芽和初步形成

原始社会，生产力十分低下，人们在劳动中不免要受到损伤，感染疾病。在采集野果野菜时，引起中毒。人们发明了一些简单的处理方法，如止血、简单的包扎伤口、挤压脓液等，经过长时期的探索和尝试，逐渐积累了一些治疗疾病的药物知识。《淮南子·修务训》中记载："神农尝百草之滋味，水泉之甘苦，令民知所避就。当此之时，一日而遇七十毒。"其中蕴含了一种朴素的仁爱的医德思想。这就是萌芽状态的护理道德。

进入奴隶社会，随着生产力的进一步发展，医学水平也有了进一步的提高，出现了专门从事医疗工作的医师。据《周礼·天宫》记载，西周宫廷医师分为食医、疾医、疡医和兽医4种，并建立了一套医疗考核制度。这种考核不仅包括技术，而且还包括作风、态度等医德思想。说明当时人们已经意识到医德的重要性。

战国时期，出现了我国第一部医学典籍《黄帝内经》，认为人的生命是最宝贵的，"天覆地载，万物悉备，莫贵于人"。所以对学医的人有非常严格的要求，如"非其人勿教，非其真勿授"，就体现了对医德的重视。《黄帝内经》的问世，标志着我国古代医护伦理思想初步形成。

(二)我国护理伦理学的发展和完善

进入封建社会，医学得到较大发展，名医辈出。东汉时期的张仲景主张对患者要一视同仁，不分贵贱高低。他认为作为一名医者要"精究方术"，反对"不留神医药"而"竞逐荣势"的人，其医德思想成为古代许多医学家进行医德修养的标准。隋唐时期，我国封建社会达到鼎盛阶段，无论是经济、政治、科技、文化，还是医学都获得了极大的发展，医护伦理思想也得到了极大丰富。这个时期涌现出了许多著名的医学家，其中最有代表性的是唐朝的孙思邈。他的代表作有《千金要方》《千金翼方》。其中的《大医精诚》篇全面论述了医德要求。他提出学医的人首先要有仁爱的"大慈恻隐之心""好生之德"，对患者要"普同一等""一心赴救"等思想。

(三)我国护理伦理的优良传统

1. **仁爱救人，赤诚济世**　中医学把医术称为"仁术"，是指"救人生命""活人性命"的一门科学，历代医家十分强调医师必须以救人疾苦为己任，以赤诚之心、仁爱精神为准则。

2. **不分贵贱，一视同仁**　古代医家主张对患者要一视同仁，不分贵贱，不论贫富，一心赴救。《痘科金镜赋集解》中"医家七事"写到："无论富贵贫贱，请视即当亲往，不可欲去不去，故意留难乔装身份,亦不可因馈赠厚薄而分等差。"

3. 不图名利,清廉正直　中医学史上记载着许多清廉正直的医家杰出事例。三国时期的名医董奉隐居庐山,专为穷人百姓治病,从不取报酬。只要求患者痊愈后杏树5棵,后来,董家周围杏树成林,董奉又把杏子换成粮食,接济穷人。此事后人就用"杏林春暖"来赞扬医者的美德。

4. 严肃认真,不畏艰苦　中医学有为患者不辞辛苦、一心赴救的传统。元代名医朱丹溪是金元时代的中医四大家之一,虽然医术高超,仍坚持出诊看病,送医上门,深受人们的欢迎和赞扬。明代医家龚廷贤说:"病家求医,寄以生死。"所以医家在为患者服务时,必须有谨慎小心、认真负责的服务作风。

5. 虚心好学,刻苦钻研　中医学一直主张,医家要实现"仁爱救人"的目的,就必须有精湛的医术,而获得精湛的医术要靠虚心好学、刻苦钻研、锲而不舍的治学作风。明朝李时珍不畏艰辛,遍访名医,走遍祖国的山山水水,参阅各种书籍800余种,搜求民间药方,甚至在自己身上试验,历经27年,终于完成《本草纲目》这部巨著,为祖国的医药事业做出了突出的贡献。

(四)国外护理伦理学的产生与发展

1. 古希腊护理伦理　古希腊是西方医学的发源地,古希腊医学在公元前6世纪至公元前4世纪形成,伴随着医学的产生,医德也随之出现。古希腊医德思想是由古希腊医学鼻祖希波克拉底提出来的,他既是西方医学的创始人,又是西方传统医德的奠基人。

2. 古罗马护理伦理　古罗马的医学与医德思想是在古希腊医学的基础上发展起来的。代表人物是古罗马名医盖伦。他不仅在医学方面做出了贡献,在医护伦理方面也提出了许多有价值的观点。他指出:"作为医师,不可能一方面赚钱,一方面从事伟大的艺术——医学"。

3. 古印度护理伦理　印度是世界文明古国之一,医学发展很早,其医德思想的代表是印度外科鼻祖妙闻和内科鼻祖阇罗迦。妙闻在《妙闻集》中指出:"医生要有一切必要的知识,要洁身自持,要使患者信仰,并尽一切力量为患者服务。"阇罗迦在《阇罗迦集》中指出:"医生治病既不为己,亦不为任何利益,纯为谋人类幸福,所以医业高于一切。"他们的论著被世界各国广泛流传。

4. 古阿拉伯护理伦理　古阿拉伯医护伦理思想形成于公元6~13世纪,最具代表性的名医是迈蒙尼提斯,代表作是《迈蒙尼提斯祷文》。在祷文中,他提出了系列的医德规范:"启我爱医术,复爱世间人;五分爱与憎,不问富与贫;凡诸疾病者,一视如同仁。"对于医护伦理的发展产生了深远的影响。

(五)当代护理伦理学的现状与展望

1. 护理伦理越来越规范化　伴随着护理事业的发展,护理伦理学也逐渐向规范化发展,尤其是20世纪后半叶,护理事业越来越受到国际社会的广泛关注与重视,制定了一系列的护理伦理规范,如1953年国际护士协会拟订了《护士伦理学国际法》,成为第一个正规的护士规范;国际护士协会在1965年公布的《护士守则》的基础上,于1973年公布的《国际护士守则》沿用至今。

2. 护理伦理观念出现了重大转变　随着医学模式的转变,护理观念也在发生变化。在护理实践中不仅注重延长患者生命,还重视患者生命的质量。更好地体现对人的关爱,提高人性化服务意识,这是护理观念的一种深刻转变,也是新时期护理伦理面临的最大机遇和挑战。

3. 护理伦理教育越来越受到重视　随着社会的发展和进步,对护理人员的要求也越来高。各国都加强护理队伍的建设,提高护理人员的护理技能,加强护理人员的伦理道德修养。在我国,近年来,各大中专医学院校护理专业都开设了护理伦理学这门课程,旨在为社会培养德才兼备的护理人员。

二、护理伦理学的含义与护理道德

(一) 护理伦理学的含义

护理伦理学是研究护理道德的科学,它是运用一般伦理学原理去解决和调整护理实践中人与人之间相互关系的一门科学,是护理学和伦理学相结合而形成的一门边缘学科。护理伦理学产生于护理实践,并随着护理实践的发展而发展。同时,对护理实践有巨大的指导作用。通过对护理伦理学的学习,可以提升护理人员的护理道德水平,从而更好地为社会服务,为人民的健康服务。

(二) 护理道德

1. 护理道德的含义　护理道德属于职业道德的一种,是护理人员在护理实践中应具备的品德。它是一般社会道德在护理这一特殊领域的体现。它是用来协调护理工作中护理人员的人际关系以及护理人员与社会关系的行为准则和具体要求,是护理人员在长期的护理实践中逐步形成的。

2. 护理道德的作用　护理道德来源于护理实践,同时,对推动护理实践的发展起着重要的作用。

(1) 促进护理质量的提高:护理道德起着调节、规范护理行为的作用,而护理质量的高低在很大程度上取决于护理人员的道德水平和道德责任感。只有具备良好护理道德的护理人员才能妥当地处理好和患者以及相关医技人员的关系,做到密切配合、协助医技人员圆满完成对患者的治疗护理任务,为患者提供高质量的医疗护理服务。

(2) 提升护理专业的社会地位:护理道德不仅是提高医疗护理质量的有力保障,而且也是提升护理专业社会地位的关键。只有护理人员自觉遵守护理道德规范,才能赢得社会公众的尊重和信任,从而提升护理专业的社会地位。

(3) 有利于建立和维护护理关系中各方面的利益:护理道德有助于建立起相互和谐的护患关系,有利于调节医护利益与患者利益可能出现的冲突,并通过为社会提供高质量的医疗护理服务,满足公众卫生保健方面的需求,从而获得社会的理解和赞同,使医护及患者的利益都得到最大限度的维护。

(4) 为护理人员提供行动指南:护理服务的质量受多方面因素的影响,除了护理人员丰富的专业知识、高超的操作技能、良好的沟通技巧之外,还需要正确的道德观念作为行为的指南,以使护理人员能规范自己的行为,进行正确的护理行为决策,并能引导护理人员及时地进行自我行为调节,不断地提高自身素质。

三、护理伦理学的研究对象和内容

(一) 研究对象

护理伦理学是研究护理道德的科学,主要研究护理实践中的护理道德现象和道德关系。

1. 护理道德现象　护理道德现象是护理实践中人们道德关系的具体体现,它包括护理道德意识、护理道德规范和护理道德活动3个部分。

2. 护理道德关系 护理道德关系是指在护理实践中由经济关系决定并按照一定的道德观念形成的人与人、人与社会之间的互利关系。主要有以下四个方面的关系。

(1) 护理人员与患者及家属之间的关系:简称护患关系。它是一种服务与被服务的关系,是护理伦理学的主要研究对象。护患关系是否和谐,直接关系到护理服务的质量,关系到医院的声誉,关系到社会精神文明建设。因此,护患关系是护理伦理学研究的核心。这就要求护理人员要不断地学习,提高护理技术水平,提高自身的职业道德素质,建立和谐的护患关系。

(2) 护理人员与其他医技人员的关系:简称护医关系。它包括护理人员与护理人员之间、与医师之间、与医技人员之间、与后勤人员之间、与医院管理人员之间的关系。护医之间是否相互尊重、配合将直接影响护理工作的开展,影响护理质量。因此,护理人员与其他医务人员应建立良好的合作关系。

(3) 护理人员与社会的关系:简称护社关系。护理活动是社会活动的一种,护理质量关系到患者能否早日康复,关系到患者家庭的利益和幸福,关系到整个社会的和谐稳定。因此,在护理实践中,护理人员不仅要对患者负责,还要对社会负责。当患者的局部利益与社会整体利益发生冲突时,局部利益要服从社会整体利益,决不能为了个人利益而损害社会的整体利益。

(4) 护理人员与护理科学、医学发展的关系:近年来,随着护理科学和医学科学的迅速发展,出现了许多新技术,如人类辅助生殖技术、器官移植等,伴随着这些新技术的产生,也出现了许多伦理争论,给护理工作带来了许多新的伦理问题。这些问题在伦理上能否恰当解决,直接关系到医学科学的进一步发展。

(二) 研究内容

1. 护理伦理学的基本理论 包括护理伦理学的产生、发展规律,护理伦理学的特点和作用,护理伦理学的理论基础,护理伦理学与相关学科的关系等。

2. 护理伦理学的规范体系 包括护理伦理学的基本原则、具体原则、基本规范和范畴。

3. 护理伦理实践 包括护理道德评价、护理道德教育、护理道德修养。

4. 护理伦理难题 指现代医学新技术的发展和应用中,新技术与传统道德出现尖锐冲突的伦理难题。

四、护理伦理学与护理学的关系

伴随着现代医学科学技术的发展,伴随着护理模式的变化,护理工作也出现了许多新变化,尤其是护理伦理学与各学科相互影响、相互渗透的趋势越来越明显,对护理人员的要求也越来越高。因此,我们有必要了解护理伦理学与护理学之间的关系。两者既有区别又有联系。①区别:两者的研究对象不同。护理伦理学以护理道德为研究对象;护理学以人的生命与健康为研究对象。②联系:两者相互影响、相互渗透。护理伦理学是在护理学的基础上发展起来的,它的研究必须围绕护理学展开;护理学为护理伦理学的产生与发展奠定了科学技术基础,护理伦理学反过来又会促进护理学的进一步发展和提高。

第三节 学习护理伦理学的意义和方法

一、意　义

任何专业除了有完整的理论体系、知识和技术外,还必须有严格的专业伦理,以指导、控制其专业服务。护理道德是护理专业服务的指南,是护理专业服务质量的有力保证。护理人员在任何时期都应研究、学习护理伦理学,这对加强护理道德修养、提高护理道德品质具有非常重要的意义。

1. **培育和提高护理道德品质,培养德才兼备的护理人才**　社会主义新型护理人才不仅要有渊博的现代护理理论和知识、娴熟的护理技术和良好的身体、心理素质,还要有高尚的道德品质。要培育和造就德才兼备的护理人才,就必须加强对护理伦理学的学习和研究。学习护理伦理学,可使护理人员全面系统了解护理道德基本理论,掌握护理伦理原则和规范体系,自觉加强护理道德修养,并且协助护理人员确认自己的价值观及角色责任,更好地投身于护理事业,为人类的健康服务。

2. **提高护理质量,推动护理事业的发展**　学习和研究护理伦理学,是使广大护理人员具有高尚的护理道德的最有效途径,优秀的护理道德品质有助于提高护理人员的责任感和奉献精神,激发护理人员爱岗敬业、钻研业务的热情;指导护理人员正确处理在临床护理、护理管理、护理研究、护理教育等实践领域中的各种关系,提高对复杂伦理问题的决策能力,从而为护理对象提供更安全的、高品质的服务,也促进整体护理水平的提高,推动护理事业的发展。

3. **有利于促进社会主义精神文明建设**　护理道德建设是社会主义精神文明建设的一个重要组成部分,是整个社会道德体系的重要内容。护理行业是一个服务性极强的行业,在整个卫生系统中起着窗口的作用,护理职业道德建设的好坏直接影响到卫生行业及整个社会的道德风尚。因此,学习和研究护理伦理学,提高护理人员对护理道德的认识,增强道德观念,提高道德水准,无疑会促进社会主义精神文明建设。

二、方　法

1. **唯物辩证法的方法**　护理道德总是同一定社会的经济关系、政治、法律制度及其他社会意识形态联系起来的,受一定历史条件下的社会意识形态和上层建筑的影响和制约,有其独特的历史发展过程的社会文化特征。

2. **理论联系实际的方法**　理论联系实际是马克思主义最基本的方法论原则之一,也是我们学习、研究护理伦理学最基本的方法论原则。护理道德的价值只有通过护理人员的实践才能实现,护理伦理学不能脱离护理实践而存在和发展,为此,我们既要学习和掌握护理伦理的有关理论,又要以社会主义护理道德的基本原则和规范来指导护理行为,把护理道德知识转化为护理道德行为,做到理论与实际相结合,知与行相统一。

3. **系统的方法**　护理道德是由道德意识、道德关系和道德活动三个要素构成的一个系统。系统的方法要求在学习、研究护理伦理学时,既要考虑到作为一门独立学科的护理伦理学的整体性、层次性,又要考虑护理伦理与其子系统以及子系统相互之间的相关性和目的一致性。

4. **归纳和演绎的方法** 归纳法是指由一系列的具体事实概括总结出一般原理,即从个别前提得出一般结论的一种逻辑方法。演绎法是指从已知的或假设的前提出发,经过推理,得出结论,即从一般到个别的逻辑方法。在学习和研究护理伦理学过程中,必须运用归纳和演绎的逻辑方法,进行科学的分析和综合,从众多复杂的护理道德现象中找出其本质以及护理道德关系发生、发展的规律。

讨论与思考

1. 简述道德、伦理学的含义。
2. 简述伦理学的基本问题和护理伦理学的含义。
3. 急诊科的实习护士王某,在给患者进行治疗穿刺时,两针都未能穿刺进入血管,心里很紧张,但是又觉得:"不取出血来绝不罢休!"于是又要穿刺第3针。此时,护士长将针要了回来,并一针取出血来,并对患者说:"对不起,让您受痛了!"患者却不以为然地说:"没有关系,培养学生也是我们应尽的义务。"

请对该案例中实习生的行为进行伦理分析。

(王晓宏　冀　萌)

第2章

护理伦理学的理论基础与规范体系

学习要点
1. 护理伦理的理论基础
2. 护理伦理的基本规范
3. 护理伦理的基本范畴

案例分析

一名腹泻患者进行输液支持治疗,医师查房后给予口头医嘱:"有尿后静脉给氯化钾10ml。"待患儿有尿后,护士执行医嘱时未再追问,即将15%氯化钾10ml直接推入静脉输液壶内,致使患儿心搏骤停,抢救无效而死亡。

请分析

1. 对护士的行为进行伦理分析,她违背了哪些护理伦理规范?
2. 根据该例的分析,理解和践行护理伦理学的理论基础、基本原则、基本规范和范畴,对于全面提高护理人员的伦理境界,加强护理道德修养,并加强社会主义医德医风建设。

第一节 护理伦理学的理论基础

一、生 命 论

人们对生与死的认识、生与死矛盾的处理及对生命本质和意义的回答构成了生命论。生命论大致分为三种观点。

(一)生命神圣论

在人类社会早期就已萌芽,并随着宗教的产生而强化,近代医学的发展和欧洲文艺复兴运动的兴起使得生命神圣论理论化和系统化。生命神圣论强调人的生命是不可侵犯的,具有至高无上的道德价值。其基本内容是人的生命是宝贵的、神圣的,生的权利是人的最基本权利,当生命遭受疾病侵袭或面临威胁时,应不惜一切代价保存、维护和延长生命,任何终止生命的想法和行为都是不道德的。

生命神圣论在人类思想发展史中具有重要价值,它唤醒了人们珍视生命,推动了医学和医护道德的发展,为医学人道主义理论的形成和发展奠定了思想基础。虽然生命神圣论为医学伦理学的发展起到了积极的作用,但由于片面、绝对强调生命至上,又具有一定的局限性。尤其在人口膨胀、经济飞速发展、资源利用和生态保护之间冲突凸现,在提倡提高生命质量的今天,生命神圣论受到一定的挑战。

(二)生命质量论

生命质量论是以人的自然素质(体能、智能、社会适应能力等)的高低、优劣为依据,衡量生命对自身、他人和社会存在价值的一种伦理观念。它的基本内容是:生命价值不在于生命存在本身,而在于其存在的质量,人们不应单纯追求生命的数量,生命的质量更应受到关注。

生命质量的标准分为三个层次:主要质量、根本质量和操作质量。主要质量又称人性素质,是指个体的身体和智力状态,它是区别人健全与否的标准。根本质量是指个体在与他人、社会相互作用的关系中,体现出的生命的目的、意义等生命活动的质量。操作质量是指利用量表、诊断学标准等客观手段测定的生命质量。生命质量论使人们意识到追求生命质量是人类理性的选择,它同时为人口政策、优生优育、生态政策的制定提供了理论依据,为人们认识和处理生与死的权利、生与死的选择等问题提供了参考标准和理论依据。但是,生命质量论有其局限性,如有些人生命质量很高,而存在价值很低,相反,有些人生命质量很低,而存在价值却很高。因此,不能完全就人的自然素质来谈生命存在的价值,这是生命质量论不太合理的一面。

(三)生命价值论

生命价值论是指以个体为社会创造物质财富和精神财富的多少来衡量生命意义的伦理观念。它认为人生命价值的高低:一是取决于生命的内在价值,即生命所具有的潜在创造能力或劳动能力;二是取决于生命的外在价值,即个体对社会创造物质财富和精神财富的社会价值。生命的外在价值和内在价值密不可分,内在价值是外在价值的前提,外在价值是内在价值的转化和表现。总之,我们要将生命神圣论、生命质量论、生命价值论三者有机结合起来,辩证地看待生命。

二、人 道 论

人道主义原指欧洲文艺复兴时期新兴资产阶级反对封建制度和宗教神学,争取人权自由的一种思想和文化运动,后泛指一切主张维护人的尊严、权利和自由,重视人的价值,使之得到充分自由发展等思想。医学人道主义是指在医学领域中,关心患者健康,重视患者生命,尊重患者的权利和尊严,维护患者利益的伦理思想和原则。护理人道主义是医学人道主义的一部分,它以实现人类的健康为出发点,其核心内容是爱护、关心患者,尊重患者的生命、尊重患者的权利、尊重患者的人格。具体体现在以下3方面。

1. 尊重患者生命　把尊重患者的生命作为护理人道主义最基本的思想,在拯救患者生命的同时,还要注意维护与保持患者的生命质量与生命价值。而且尊重患者的生命,不应只局限于护理人员与患者个体之间的联系,还要扩大到保障人类健康的整体层面。

2. 尊重患者人格和正当愿望　要根据患者不同的文化背景、经济状况、宗教信仰，不同的生理、心理、社会情况，提供平等、优质、人性化的服务。尤其对精神病患者、残疾患者等特殊患者要同情、关心、体贴，反对任何形式的不人道行为。

3. 尊重和维护患者的权利　患者除了拥有正常人的权利，还拥有平等医疗权、知情同意权等特殊权利，医护人员应该尊重患者的这些权利，即使对战俘、囚犯也给予应有的治疗和护理，体现医学的人道主义精神。

三、美　德　论

美德是一种道德意识，指人的道德品质，是对个人、集体和社会固有的美好稳定的道德品质概括。美德论就是关于道德品质的学说，主要研究做人应具备的品格，或者说它告诉人们什么是道德上的完人及如何成为道德上的完人。

美德论是伦理学的主要内容。护理伦理学中的美德论是关于护理人员在工作中应该具备的职业道德品质，以及怎样具备这种道德品质。它是一般美德论的特殊表现和具体应用，对医疗护理实践发挥着重要的作用。主要内容包括：善良仁爱、忠诚真实、审慎严谨、敬业进取、公正廉洁等。医德品质是医德行为的内在依据，医德行为是医德品质的外在表现形式，离开了一定的医德行为就不能构成医德品质。因此，考察一个医疗护理工作者的医德品质就要看他（她）的医德行为的方方面面的表现。美德的培养是一个长期、逐步发展的过程，是在一定的社会环境和物质生活条件中，通过系统的教育和医疗实践的熏陶，以及个人自觉地锻炼和修养逐步成的。

护理美德品质主要有以下内容。①仁慈：即仁爱慈善，同情、尊重、关心、爱护患者；②严谨：即具有严肃认真的科学态度，周密思考，对工作审慎负责；③公正：服务过程中，不分种族、宗教信仰、贵贱贫富，对患者一视同仁；④进取：即刻苦钻研，勤奋学习，在业务上做到精益求精，不断提高护理质量；⑤协作：即在工作中，与其他医务人员相互尊重，相互支持，密切合作；⑥奉献：即不怕苦、脏、累，不畏困难，敢于牺牲个人利益。

四、道　义　论

道义论是关于义务、理性和责任的理论。它要求个人严格克制自己的感性欲望而遵守义务规则。道义论主张判断人与其行为的道德与否，不是看行为的结果，而是看行为本身或行为所依据的原则，即行为动机是否正确。凡行为本身是正确的，或行为依据的原则是正确的，不论结果如何都是道德的。德国哲学家康德是道义论的主要倡导者，他提出了"绝对良心论"，认为人们要有道德，就应当出于义务感地服从"绝对命令"。道义论又分为行为道义论和规则道义论两类。行为道义论认为：一个人依靠直觉、良心和信仰能够判定行为的道德与否，不一定有什么规则，只要行为本身是合乎道德的，那么行为就是正当的；规则道义论主张应以道德的原则和规范来确定或约束某些行为。也就是说，行为遵循的规则必须是合乎道德的，否则便不是道德行为。

传统道义论在护理道德中主要强调护理人员对患者个体的道德责任感，主张护理行为要有良好动机，并应遵循一定的道德原则。这对确定护理人员的行为准则、规范护理行为产生了积极影响，对护理伦理建设起到了一定的作用，但它有一定的局限性。一是传统道义论片面强调护理行为的动机，而忽视了行为的结果与价值；二是它强调以对患者个体负责为中心，而忽视了护理对他人、对整体社会的道德责任;三是一味强调护理人员对患者尽责任的绝对性和无条件性,忽视了患者在健康保健中的义务和责任,即护患义务的双向性。随着当代道义论的兴起和发展,护理人员要转变伦理观念,护理行为不仅要有美好的动机,行为本身要符合道德原则,而且,要考虑行为的后果,即注意行为与效果的一致性;同时,护理事业不应只局限于个体的患者,还要面向社会;同时,在护理工作中,我们要调动服务对象对于自身健康保健的积极性,从而达到最佳的健康状态。

五、功 利 论

功利论,又称功利主义,是与道义论相对立的伦理学说。功利的意思就是有实际利益的、有用的或能使人快乐的。它强调行为的道德与否,是由行为所产生的结果来判定;凡能为大多数人造福,能使大多数人快乐的行为就是道德的行为。功利论又分行为功利论与规则功利论。行为功利论是指人的行为应当是理性和自主的,只要行为的结果可产生最大的效益,能够带来好的效果,那么行为就是道德的。规则功利论是指依据道德规则能够带来好的结果的行为即是道德行为。在护理伦理中,功利论主张护理行为以满足患者和社会多数人的健康利益为标准,对在护理实践中如何合理分配有限的卫生资源等问题有一定的指导作用。同时,功利论肯定了护理人员的正当个人利益,这有助于调动护理人员的工作积极性。在护理工作中,我们要正确应用功利论的指导作用,要时刻考虑广大人民群众的健康利益,牢记全心全意为人民服务的宗旨,防止利己主义思想的滋长。

第二节 护理伦理学的基本规范

护理伦理基本规范是护理人员在护理实践中道德关的普遍规律的概括和反映。是在护理道德基本原则指导下的具体行为准则,也是培养护理人员道德意识和道德行为的具体标准。

> **重点提示**
>
> 掌握护理伦理规范的7项内容并在职业工作中践行是重中之重。

一、含义和作用

(一)含义

规范就是标准或准则,它既可以是人们约定俗成的,也可以是人们有意识制定的。在现实社会中人们制定了各种规范,比如语言规范、技术规范等,以此对人们相应的行为进行约束。

护理伦理规范是指护理人员在护理实践中处理各种道德关系所应遵循的道德行为准则,也是护理行为的伦理要求,是指导护理人员进行道德实践的行为指南。在护理实践中,护理道德关系主要表现为护理实践中的人际关系,包括护患关系、护理人员与其他医务人员的关系、护理人员与社会关系。护理伦理规范以这三个方面的道德关系为基本维度,构建具体的伦理规则和要求,以指导和约束护理人员的行为。

(二) 护理伦理规范的特点

1. **实效性** 是指根据护理工作不同领域的不同服务内容提出具体的、针对性的伦理要求，例如，在不同领域(临床护理、社区预防保健、家庭护理、计划生育等)、不同方式(基础护理、心理护理、健康教育等)和不同学科(内科、外科、妇产科、儿科等)对护理人员有具体伦理规范要求。

2. **普遍性** 是指护理服务面向全人类，以维护人类的健康为崇高目标。护理从本质上说就是尊重人的生命、尊严和权利。护理工作不受国籍、种族、信仰、肤色、年龄、政治或社会地位的影响。护理人员共同担当保护人类尊严、权利、健康和福祉的道德责任，应遵循共同的伦理规范。

3. **自律性** 是指护理人员自觉遵守护理伦理要求，践行护理道德规范。护理人员通过对护理规范的认识而产生执行规范的护理行为，这是一个由外在他律转变为内在自律的过程，是以护理人员的良心和内心信念为动力的自觉过程。

(三) 作用

护理伦理规范是护理道德理论在护理人员行为实践中的具体化，对护理人员的实践行为进行规范和约束，其作用具体表现如下。

1. **协调作用** 护理伦理规范的重要作用在于协调护理实践过程中人与人之间的关系，以促使护理人员与服务对象之间、护理人员与医护群体及社会之间关系协调一致，保障护理环境稳定有序。

2. **评价作用** 护理伦理规范是评价和判断护理人员行为是非、善恶的标准。人们通过伦理评价，对符合道德规范的护理行为，通过社会舆论等有效形式给予表扬，对违背道德规范的护理行为则给予谴责，从而促进护理人员形成正确的道德意识，激励护理人员积极向上，勇于进取，廉洁奉公，献身护理事业的热情和志向，为社会进步和人类健康而努力工作。

3. **规范作用** 护理道德规范是实现科学护理管理的主要依据和准绳。只有运用道德规范并综合其他手段，创立一套完备的制约及激励机制，才能充分发挥护理人员的工作积极性，使整个护理工作得以正常运转。

4. **保障作用** 护理技术对护理质量固然有着十分重要的作用，但如何运用技术并尽职尽责地为患者健康服务，则取决于护理人员的职业道德水平。护理伦理规范可以有效地帮助护理人员建立道德责任，避免忽视护理工作、玩忽职守等问题的发生，为提高护理工作质量提供重要的保障。

5. **推进作用** 随着现代护理领域的扩大、内涵的深化及新理论、新技术在护理实践中的广泛应用，护理伦理规范对于护理学科的发展发挥着越来越重要的作用。只有具备良好护理道德的护理人员才能真正圆满完成护理工作，推动护理学科向前发展。

二、护理伦理规范的内容

护理伦理规范包括以下七方面的内容。

(一) 救死扶伤，忠于职守

救死扶伤，忠于职守是护理人员正确对待护理事业的基本准则，是医疗卫生事业和人民健康利益的根本要求。在中国的医学道德传统中，人们一直强调"忠于医业""济世救人"。南丁格尔在《护理手记》中要求："一个护士必须十分清醒，绝对忠诚，有适当信仰，有奉献自己的心愿,有敏锐的观察力和充分的同情心。她需要绝对尊重自己职业,因为上帝是如此信任她,才会把一个人的生命交付到她的手上。"因此,护理人员要以严谨的态度和作风、高标准执行各项医疗护理规章制度和操作规程,不计较个人得失,满腔热情为患者服务。

(二) 举止端庄,文明礼貌

举止端庄、文明礼貌是实现护理伦理规范的主要途径。得体的专业言行不仅是护理人员自身良好素质和修养境界的体现,也是赢得患者信赖与合作的前提。护理人员在工作中应该举止端庄、行为文明、态度和蔼、举止稳重、动作敏捷、大方,遇到紧急情况沉着冷静、有条不紊。同时,还要讲究装束文明,在着装、服饰上应与职业相适应,即规范、整洁、朴素、大方。文明礼貌是护理人员基本素质和对患者真情的展现。护理人员在与患者的交往中,应保持严肃、同情和体贴。在病房要做到"四轻"——说话轻,走路轻,操作轻,开、关门轻。护理人员友善、礼貌、和蔼的语言,文明的仪表,诚信的品格,往往可以消除患者的猜疑、忧虑和恐惧,有助于良好护患关系的建立,对患者的心理及治疗效果产生积极效应。

(三) 诚实守信,保守秘密

诚实守信是医护人员对待服务对象的一条基本原则。孙思邈在《大医精诚》中用一个"诚"字概括和诠释了"大医风范"。毛泽东在《纪念白求恩》中也用"诚"的精神概括了白求恩的医德境界。作为一名护理人员,应该忠于患者,忠于护理事业,对人诚、做实事、守信用。我国在1988年颁布的《中华人民共和国医务人员医德规范及实施办法》中也指出:为患者保守秘密,实行保护性医疗,不泄露患者隐私与秘密。

在医疗领域,能否为患者保密在很大程度上决定了护患关系是否能建立长久深厚的信任关系。保守秘密一般是指做到以下两点。一是保守患者的秘密,主要是患者不愿公开透露的信息,包括病因、一些特殊疾病的诊断(性病、精神病等)、进展及预后,患者不愿意和他人接触的部分,不愿意他人观察的行为,不愿意他人知道的决定等。二是对患者保守秘密,包括一些暂不宜告知的不良诊断、进展、预后及其同事在给患者治疗过程出现的一些问题等。

(四) 尊重患者,一视同仁

尊重患者、一视同仁主要表现在两个方面。一是护理人员与患者在人格和地位上的平等。二是护理人员要尊重患者的人格和生命。对有同样需要的人给予同样的对待,以同样的服务态度对待有同样需要的服务对象。这正是公正的根本所在。尊重患者,同情关心患者,以患者的利益为出发点和归宿。护理人员应设身处地地为患者着想,想患者之所想,急患者之所急,时时把患者的安危放在心上。用细致、体贴入微的关心和深厚的同情心理解患者;用和蔼可亲的态度唤起患者战胜疾病的乐观情绪;用亲切、诚挚的语言和患者沟通,消除心理压力,使患者尽快恢复健康。尊重患者,对待患者像亲人一样,真心实意地为他们服务。一视同仁指医务人员同等地对待每一位患者,这也是对患者的权利和尊严的尊重。

(五) 团结协作,互相监督

团结协作,互相监督是正确处理医院各种关系的基本准则。恪守同事同行准则、处理好医疗关系不仅是现代医学发展高度分化、高度综合、高度社会化的客观要求,也是现代社会强调集体主义、团队精神的突出要求。这一准则也要求护理人员共同维护患者利益和社会利益;彼此平等,互相尊重;彼此独立,互相支持和帮助;彼此信任,互相协作和监督;互相学习,共同提高。护理工作和医院其他科室工作各有其特有的专长职能和社会功能,是不能相互取代的,彼此之间应该是既有分工又有协作。整体护理的开展更需要医护人员共同努力和密切协作才能有益于患者的治疗、预防和康复。同时,为了维护患者的利益,防止差错、事故的发生,护理人员和其他医务人员之间还应该互相制约,互相监督,及时提醒。

(六)廉洁奉公,遵纪守法

廉洁奉公,遵纪守法是指医务人员在从事医疗护理活动中必须清正廉洁,奉公守法。我国《医务人员医德规范》第4条规定:"廉洁奉公,自觉遵纪守法,不以医谋私"。护理人员在任何时候都要秉持廉洁、奉公守法、不徇私情、不图私利,绝不能以工作为谋私利的手段。担负着救死扶伤,治病救人崇高使命的医护人员,必须明确患者的利益高于一切。

患者在接受医疗服务过程中,无论本人还是家属都希望医护人员能竭尽全力为他们治疗,争取最理想的治疗效果,得到最好的护理,这是患者正当的权利。因此,护理人员在护理实践中应该坚持护理伦理原则,遵守相应的法律道德规范,自觉抵制接受患者钱物、索要"红包"等不良行为。即使在无人监督的条件下,仍能自觉遵守护理伦理规范,廉洁自律,加强"慎独"修养,努力达到"慎独"境界。

(七)积极进取,精益求精

护理人员要积极进取,熟练掌握业务知识和各项护理专业技能,做到精益求精,这是护理工作所必需的道德要求,也是时代赋予护理人员的使命。"业精于勤而荒于嬉",现代医学和护理学的发展使护理工作的内容和范围不断扩展,对护理人员的知识和技术也提出了更高的要求,这就需要护理人员不断学习和完善知识结构,掌握新的护理技能,从而适应人类健康服务的需要。积极进取、精益求精这一规范,要求护理人员充分发扬科学的求实、进取、创新精神,学好学精业务本领,做好做精业务工作。国家卫生部于1988年颁布的《医务人员医德规范》中规定:"严谨求实,奋发进取,钻研医术,精益求精,不断更新知识,提高技术水平。"护理人员要向患者提供最佳服务,就必须不断刻苦钻研业务,不断提高技术水平。拥有丰富的专业知识,才能及时地发现并判断病情,迅速而周密地处理各种复杂的问题。拥有精湛的护理技术,才能在临床工作中做到准确、快捷、高效,才能最大限度地减轻患者的痛苦。

第三节 护理伦理学的基本范畴

范畴是人们对客观事物和现象普遍本质的概括和反映。护理伦理的基本范畴是护理道德规范体系中的一个不可缺少、不可替代的组成部分。它是护理伦理原则和规范的具体化和必要的补充。它将护理伦理原则和规范的要求转化为人们主观的、内在的护理道德意识,并进一步指导护理人员正确地选择、调整、评价自己的护理道德行为。

一、权利与义务

(一)权利

1. **权利的含义** 在护理领域中,权利指护理道德行为主体所拥有的正当权力和利益。它主要包括两方面的内容:一是护理人员在护理工作中所享有的权利。二是患者在护理活动中所享有的权利。

2. **护理人员的权利**

(1)履行护理职责的权利:护理人员有与履行护理职责相关的权利。

(2)安全执业的权利:护士在执业活动中拥有人格尊严,人身安全不受侵犯。

(3) 维护个人正当权益的权利:包括取得工资薪金等合理报酬、参加学习、培训、获得表彰及奖励、获得劳动保护和批评建议的权利。

(4) 护士的特殊干涉权:在特殊情况下,有限制患者自主权的权利。

3. 患者的权利

(1) 生命健康权:患者在患病期间所享有的生存权、恢复健康和增进健康的权利。

(2) 医疗平等权:患者有权享有同样良好的医疗护理服务和基本、合理的医疗卫生资源。

(3) 知情同意权:患者有获得关于自己疾病及治疗方案的有关信息的权利,及在此基础上自主决定接受或拒绝诊疗护理方案的权利。

(4) 隐私保护权:患者享有的私人信息和私人生活依法受到保护,不被他人非法侵害、了解、利用和公开的一种人格权。

(5) 监督权:患者有对医疗护理活动监督的权利。患者可以对医院的医疗、护理、管理、保障、医德医风等各个方面进行监督。

(6) 依法求偿权:如果因医疗工作人员行为不当造成人身损害后果的,患者有依法要求医方给予经济补偿或赔偿的权利。

(7) 因病免责权:患者有因疾病依法酌情免除一定社会责任的权利。

(二) 义务

1. 义务的含义　义务是人们自愿履行的对社会、集体和他人的道德责任。护理道德范畴中的义务包括两个方面:护理人员的义务和患者的义务。

2. 护理人员的义务

(1) 遵守法律、法规、规章和诊疗技术规范的义务。这是护士执业的根本准则,这一原则涵盖了护士执业的基本要求,包含了护士执业过程中应当遵守的大量具体规范和应当履行的义务。

(2) 在执业活动中,发现患者病情危急,应当立即通知医师;在紧急情况下为抢救垂危患者生命,应当先行实施必要的紧急救护。

(3) 发现医嘱违反法律、法规、规章或者诊疗技术规范规定的,应当及时向开具医嘱的医师提出;必要时,应当向该医师所在科室的负责人或者医疗卫生机构负责医疗服务管理的人员报告。

(4) 尊重、关心、爱护患者,保护患者的隐私。这实质上是对患者人格和权利的尊重,有利于与患者建立相互信任、以诚相待的护患关系。

(5) 有义务参与公共卫生和疾病预防控制工作。护理人员应当服从上级安排,积极参加突发事件的医疗救护工作。

3. 患者的义务

(1) 积极配合医疗护理的义务:患者在接受医疗护理的过程中,应该尊重医护人员的工作,积极配合,遵循医嘱,为医护人员完成诊疗护理工作提供便利。

(2) 遵守医院规章制度的义务:医院的各项规章制度是维护医疗护理良好环境和秩序并进一步提高医院医护质量的有力保障,医护人员、患者及其家属应自觉遵守。

(3) 支持医学科学发展的义务:患者有义务在自己不受伤害的情况下,经知情同意,配合医护人员开展教学、科研、公益活动。

二、情感与良心

(一) 情感

1. **护理道德情感的含义** 情感是人们内心世界的自然流露,是人们对客观事物和周围人群的一种态度体验。护理道德情感是指在护理活动中,护理人员对护理领域中各种道德现象的内心体验和自然流露。它建立在对人的生命价值尊重的基础上,表现出对患者、对护理事业的热爱,是一种高尚的、纯洁的、理智的情感。

2. **护理道德情感的内容**

(1) 同情感:这是每一个护理人员应具有的最起码的道德情感。南丁格尔说过"护士必须要有一颗同情的心和一双勤劳的手。"护理人员的同情感主要表现在对患者的遭遇、痛苦和不幸能够理解,并在自己的感情上产生共鸣,同时给予行动上的支持和帮助。

(2) 责任感:护理工作者的同情感进一步升华则为责任感。它建立在护理人员坚定的内心信念和对社会、他人极端负责的基础之上,对护理人员的情感起主导作用。促进护理人员自觉地维护患者利益,把救死扶伤作为自己至高无上的道德使命和崇高职责。

(3) 事业感:是责任感的进一步升华,是一种高层次的情感。即把护理工作与护理事业的发展,与人类健康事业的发展紧密联系,把人类健康与护理事业看得高于一切,作为自己的终生追求。有了这种情感,才能做到为护理事业的发展不断进取,乐于奉献。

3. **护理道德情感的作用**

(1) 有利于患者早日康复:良好的情感和服务态度能给患者一种温暖、体贴和可信赖的感受,能够促进疾病的诊治和身体的康复。

(2) 有利于促进和推动护理人员整体素质的提高:高尚的护理道德情感是促进和推动护理人员道德行为,提高护理技术水平,增强护理人员整体素质的内在力量。

(二) 良心

1. **护理道德良心的含义** 良心是人们在履行义务的过程中所形成的一种自我道德意识,是人们对自身行为是否符合社会道德准则的自我认识和评价能力。护理道德良心是指护理人员在履行护理道德义务的过程中对所负道德责任的自我认识能力和对其道德行为的自我评价能力。它是护理人员对自己行为的荣、辱、美、丑的深刻感受和检点,是其道德观念、情感、意志和信念的有机统一。

2. **护理道德良心的作用**

(1) 行为之前的选择作用:护理人员在行为之前,良心依据道德价值和道德责任、义务的要求,对行为的动机进行检查,对符合道德要求的动机予以肯定,对不符合道德要求的动机进行抑制或否定,从而做出正确的选择。

(2) 行为过程中的监督作用:在护理过程中,良心对符合道德要求的情感、态度、意志、信念及行为方式与手段,予以激励和强化;对不符合道德要求的异常情感、私欲、邪念,予以纠正和克服,从而调整自身的行为方向,避免不良行为的发生。

(3) 行为之后的评价作用:一个护理人员只有具备了较完善的良心机制,才能正确地评价自己。如果自己的行为后果给患者和社会带来了利益和幸福,就会有一种满足感和欣慰感;如果自己的行为违背了社会利益或给患者造成痛苦和不幸,就会感到内疚和惭愧,并要求自己在今后的行为中加以改正。

三、荣誉与幸福

(一)荣誉

1. 护理道德荣誉的含义 荣誉是指人们对道德行为的社会价值的一种主观意向,是一种鼓舞和推动人们自觉地为社会和他人尽义务、做贡献的精神力量。护理道德荣誉指护理人员履行了自己的职业义务之后,获得他人、集体和社会的赞许、表扬和奖励,以及个人感到的自我满足和欣慰。它包含两方面的内容:一是社会对护理人员高尚的行为的肯定和赞扬;二是护理人员个人对自己的肯定性评价及对社会肯定性评价的自我认同,表现为因履行道德职责对社会做出了一定贡献后受到褒奖而产生的自我赞赏。

2. 正确理解护理人员荣誉

(1)正确处理工作与荣誉的关系:护理工作的根本目的是维护人民的身心健康,而不是为了获取个人荣誉。护理人员应把社会和他人给予的荣誉作为自己工作的动力,树立全心全意为人民身心健康服务的思想,尽职尽责地完成护理工作,社会一定会对其贡献给予肯定的评价。

(2)正确处理个人荣誉和集体荣誉的关系:个人荣誉和集体荣誉紧密联系。集体荣誉是个人荣誉的基础和归宿,个人荣誉是集体荣誉的体现和组成部分,当个人荣誉和集体荣誉发生矛盾时,应牺牲前者保全后者,任何损害、诋毁集体荣誉的行为,都应受到谴责和反对。

(3)正确对待个人荣誉和个人主义虚荣心:虚荣心是个人主义的思想表现,把荣誉当成资本,把追求荣誉当作护理工作的奋斗目标。正确的荣誉观应把荣誉看作是社会和他人对自己工作的肯定,是对自己的鞭策和鼓励,因而在荣誉面前谦虚谨慎,继续努力工作。

(二)幸福

1. 护理道德幸福的含义 幸福是指人们在物质生活与精神生活中,由于实现了自己的理想和目标而引起的一种精神上的满足感。它是一种同人生目标、价值以及现实生活与理想联系十分密切的道德现象,是较高层次的道德范畴。护理道德幸福是指护理人员在为患者健康服务的过程中,以自己的辛勤劳动,实现了自己的人生价值而感受到的精神上的满足。

2. 护理道德幸福的内容

(1)物质幸福和精神幸福的统一:护理人员在履行自己的职业义务的过程中,付出了辛勤的劳动,既获得了应有的物质报酬,同时看到患者的康复也获得精神上的满足,实现了自身价值,从而感受到幸福。

(2)个人幸福和集体幸福的统一:个人幸福和集体幸福从根本上是统一的。集体幸福是个人幸福的基础,离开了集体幸福,就谈不上个人幸福;个人幸福是集体幸福的体现。因此,在护理实践中,护理人员首先应努力处理好个人幸福和集体幸福的关系。

(3)创造幸福和享受幸福的统一:护理人员的幸福感产生于为患者提供的护理服务中,产生于自己的辛勤劳动中,劳动是幸福的基础和源泉。只有为患者提供护理服务,使患者康复,得到社会的肯定,才能获得幸福的感受。

3. 护理道德幸福的作用

(1)能促使护理人员自觉履行护理道德义务:护理人员树立了正确的幸福观,就能把个人幸福融入日常的护理工作中,从而自觉地履行护理道德义务,尽职尽责地为患者服务。

(2)能促使护理人员树立正确的苦乐观:护理人员只有树立了正确的职业道德幸福观,才能正确地理解和认识苦和乐的辩证关系,从而树立起正确的苦乐观,并且更加热爱专业,更加努力工作,为护理事业的发展做贡献。

> **重点提示**
>
> 正确理解幸福的内容,树立正确的幸福观是每个护理人员升华自己的关键。

四、审慎与保密

(一)审慎

1. 护理道德审慎的含义　审慎即周密、谨慎的意思,是人们在行动之前的周密思考与行为过程中的小心谨慎。护理道德审慎是指护理人员在护理活动中应当具备详细周密、谨慎行事的作风。它既是内心信念和良心的具体体现,也是对护理人员的道德要求。其本质是对患者高度负责的精神和严谨的科学作风。

2. 护理道德审慎的内容

(1)执行护理操作要审慎:护理工作的性质决定了护理人员在工作中必须要严肃认真、周密仔细。如在为患者进行某些特殊检查、检查患者服药情况时必须谨慎行事。在工作中严格遵守各项规章制度和操作规程,严格执行"三查七对"制度,防止差错事故发生。遇到复杂病情或紧急抢救时,既要敏捷准确,又要果断周密。

(2)护理语言要审慎:语言是护患沟通的重要工具,它能反映出一个人的精神风貌和道德修养。在护理工作中,护理人员的语言的优劣会对患者的心理产生不同的影响,直接影响患者疾病的诊治和康复,因此,在护理活动中,护理人员的语言一定要审慎。不使用简单、粗暴、尖刻的语言,多用鼓励性、安慰性的语言,使患者产生信任感和亲切感,有助于配合医护人员的治疗和护理工作。

3. 护理道德审慎的作用

(1)有助于增强护理人员的责任感:防止由于疏忽、马虎而造成医疗差错事故,从而提高护理质量,更好地为患者的生命和健康服务。

(2)有利于建立良好的护患关系:护理工作中不可缺少语言的沟通和交流,而言语不慎很可能造成患者的误解,引起不良的心理反应,甚至导致护患关系的僵化。

> **重点提示**
>
> ①护理道德审慎的内容;②护理道德审慎的作用。

(二)保密

1. 护理道德保密的含义　保密,即保守机密不外泄。护理道德保密是指护理人员在护理活动中应当为患者保守医疗秘密,不得对外泄露和传播。它是护理伦理学特有的范畴。

2. 护理道德保密的内容

(1)为患者保守秘密:由于诊断、治疗的需要,患者不得不将一些个人隐私告知医护人员,如个人信息、疾病信息、不愿意别人接触的身体部位和不愿意别人知道的决定等。护理人员应该为患者保守秘密,不应泄露,更不应该当作谈笑的资料而任意宣扬。

(2)对某些患者保密:指护理人员为了鼓励患者战胜疾病的信心,不宜将某些严重的或目前难以治疗的疾病诊断告诉患者,以免给患者带来心理刺激或挫伤患者治疗的信心,如对于晚期恶性肿瘤患者,医护人员不应将其病情全部告知本人。

3. 护理道德保密的作用

(1)为患者保密,有利于建立护患之间的信赖关系,减少护患矛盾的发生;有利于维护家庭、社会的稳定,增进家庭和睦与社会和谐。

(2)对患者保密,可以避免患者受到恶性刺激,以维护患者的信心,增强战胜疾病的勇气,从而促进患者的康复。

> **重点提示**
>
> ①护理道德保密的内容;②保密对护理人员行为的作用。

讨论与思考

1. 简述生命论的内容以及生命价值论的含义。
2. 简述护理人道主义的核心内容。
3. 某患儿,女,5岁,因患肾炎继发肾功能衰竭住院三年,一直做肾透析等候肾移植。医师与患儿父母商讨后同意家属进行活体肾移植。经检查只有其父亲适合提供肾源进行移植手术,但其父经思考后决定不提供肾源,并恳请医师告诉他家人他不适合做供者。医师虽不太满意但还是按照患儿父亲的意图做了。

请对上述案例中医师和患儿父亲的行为进行伦理分析。

(王晓宏 冀 萌)

第3章

护理伦理学的原则

学习要点
1. 护理伦理学基本原则的内容
2. 护理伦理学具体原则的内容
3. 护理伦理学具体原则对护士的要求

案例分析

某医院消化内科的医护团队,正在做一个胰腺癌早期诊断的科研项目。此课题需在患者身上抽取200毫升血液做抗体测定。医师和护士就此问题展开了讨论并存在两种观点:一种观点认为在临终的患者身上抽血,无疑会增加患者痛苦,而且可能加速其死亡,这不符合医护人员救死扶伤的职责。另一种观点认为此项科研会给大多数人带来益处,况且晚期癌症患者的生命有限,为医学科研做点贡献也未尝不可。

请分析
1. 用护理伦理学的基本原则来分析医护人员的两种观点。
2. 作为护士你怎样处理本案中存在的具体伦理冲突?

第一节 护理伦理学的基本原则

护理伦理学的基本原则是在护理实践中调整医护领域人际关系的根本准则,它在医德的整个规范体系中居于核心地位,是一条贯穿于整个医德规范体系中的主线,是衡量护理人员品行的最高标准。

一、概　念

护理伦理学的基本原则反映了某一护理发展阶段及特定社会环境之中护理伦理学的基本精神,是调节护理人际关系以及护理人员与社会关系的最基本出发点和道德原则,也是衡量护理人员道德水平的尺度。它是社会主义伦理原则在护理领域中的具体运用和体现。

> **重点提示**
>
> 护理伦理学基本原则的内容包括救死扶伤,防病治病;实行医学人道主义;全心全意服务人民健康。

二、内 容

我国护理伦理学基本原则的内容是:救死扶伤,防病治病,实行社会主义医学人道主义,全心全意为人民身心健康服务。

1981年,在上海举行的新中国成立后的第一次全国医德学术讨论会上,与会学者经过研讨,提出了我国当代医学伦理学的基本原则,即社会主义医德基本原则。该原则被概括为社会主义医学人道主义,它强调了医学伦理的时代性和职业性特点。社会主义医学人道主义基本原则的确立和提出,不仅成为当代中国医学伦理学理论建设的一个突破口,而且为社会主义医德规范体系建设准备了一方奠基石。在以后的医学伦理实践中逐渐形成了完整的、分层次的医德基本原则的内容。作为医护人员的基本道德原则,"救死扶伤,实行社会主义医学人道主义,全心全意为人民身心健康服务"不仅点明了医学的根本任务、医护人员的职业内涵,而且它是一切医学行为的出发点和归宿。

(一)救死扶伤,防病治病

救死扶伤就是抢救生命垂危的患者,照顾受伤的患者,这是护士的基本职责,是医学的根本任务,是最低层次的医德要求。护士要以最基本的同情心,树立爱伤、护伤的观念,帮助患者驱赶病魔,战胜疾痛。随着医学模式的转变,医护工作由单纯的临床医疗和护理扩大到社会预防、社会保健和健康教育等方面,这就在客观上要求医护人员做到防和治的结合,一方面搞好临床服务,另一方面做好社会预防,保护生态平衡,尽力减少和消除致病物质和致病因素对人类的危害,降低发病率,以防病治病、提高人类健康水平为目的。

(二)实行社会主义医学人道主义

人道主义强调以人为本,爱人,贵人,同情病弱者,尊重每一个生命价值。传统医学人道主义往往只重视个体患者的临床医治,忽视群体的社会预防和社会保障,它从抽象的人性、孤立的个人出发,医护人员救治患者只是出自对患者的怜悯、同情和恩赐。社会主义医学人道主义,一方面继承了传统医学人道主义的合理成分,另一方面又体现了社会主义社会的时代特征,即护患之间是平等、团结、友爱、互助的社会主义新型关系,医护人员由面向单个患者扩大到面向整个社会,医护人员的社会道德责任比过去更加受到尊重,竭尽全力去救死扶伤,防病治病,包括对待战俘、狱中犯人等。这是在"救死扶伤,防病治病"的基础上对医护人员提出的较高层次的要求。

(三)全心全意为人民身心健康服务

这是医德基本原则中对医护人员的最高层次的要求。服务,是医学职业的根本属性,服务是"护士的首要职能,也是护士职业存在的理由"。医护人员要用自己所学全心全意为人民身心健康服务,爱业、敬业、乐业。"全心全意"意味着要摒除一切私心杂念和追名逐利的个人目的,而用忘我的精神,踏实的工作,去救死扶伤,治病救人,在任何情况下都愿意为患者、向社会奉献自己的知识、技能、时间、精力甚至生命;为患者服务,包含"身""心"两个方面,既要防治生理上的疾病,又要防治心理疾患;既要防患于前,防病于中,又要临终关怀,帮助患者恢复身体上、心理上的正常和完美状态,正确处理个人利益与病人利益、集体利益和社会利益之间的关系。

总之,护理伦理学基本原则的内容体现了层次性与统一性、现实性与理想性、历史性与时代性的有机结合。

当前,由于我国医药卫生事业发展的不平衡性,以及医护人员的政治水平、文化修养、医德意识等素质的差异性,对医护人员的医德要求也分为高、低两个层次。在护理服务中,能大公无私,全心全意为人民身心健康服务,是高层次的要求。这一层次,是社会主义医德基本原则的核心和实质的体现,更是社会主义医德建设的根本方向;在日常护理工作中能够关爱、尊重患者,救死扶伤,履行职责,实行社会主义医学人道主义,这是低层次的要求。在进行医德教育和医德评价时,要注意医德层次存在的现实性,客观看待医护人员的医德修养,允许医护人员有一个渐进的提高的过程。

第二节 护理伦理学的具体原则

我国特有的护理伦理学的基本原则,是护理人员在工作中应该始终贯彻执行的最高标准。医学伦理学的四个具体原则包括不伤害原则、行善原则、尊重原则与公正原则,是护士进行护理行为选择的重要理论依据。这要求随着医学科学的不断发展,护士除了需要具有过硬的护理操作技能外,还必须注重运用护理伦理学的学科知识才能做好护理工作。

一、不伤害原则

(一)不伤害原则的含义

不伤害原则是指在护理实践中医护人员要最大限度地避免给患者带来不应有的身心伤害。由于医护人员掌握着医学专业知识和技能,这些专业技术是用来为患者解除痛苦和疾病的,在运用这些技术关爱服务对象的健康乃至生命的同时,也可能会给患者带来一定的伤害,这是医护工作本身具有的职业风险所伴发的。因此,"不伤害"必须作为医德的一个首要的具体原则。

> **重点提示**
>
> 不伤害原则是相对的而不是绝对的,但要尽量减少对患者身体上、心理上或经济上的伤害。

(二)不伤害原则不是绝对的

一般来说,凡是医疗护理上必需的符合适应证的诊治护理手段都是不违背不伤害原则的。同时,所谓不伤害原则只是相对的,或者说是不造成应该避免和可以避免的伤害。符合不伤害原则的行为应该具备以下特点。

1. 护理行为本身必须是善意的,是符合患者的最大利益的。
2. 护理行为本身仅希望好的结果发生,而坏的影响是事先可以预知且被许可而非故意的。

3. 护理行为带来的坏的影响和好的结果是出自同一行为且是平行结果,而且坏的影响是善的护理行为所难以避免的。

4. 护理行为带来的好的结果应大于坏的影响。

(三)临床上可能对患者造成伤害的情况

不伤害原则所指的不伤害存在于护理实践的各个环节中。包括护理技术操作的全过程和与患者的人际交往中,以及护理科研等环节。排除护理手段无法避免的对人体的损伤外,一切可以避免但却发生的损害都是不应该的,都是违背不伤害原则的伤害。医疗伤害又可分为道德性伤害和技术性伤害两类。道德性伤害是指由于医护人员缺乏医德,无视职责,漠视患者的权利,不注意与患者沟通交流或擅自做主等,给患者造成的身体上或心理上的伤害;技术性伤害是指诊疗用药不当或护理操作不慎,对患者造成的身体上、心理上的伤害。下面列举一些临床上常见的对患者造成伤害的情况。

1. **道德性伤害** 有部分医护人员往往忽略对患者精神上或人格上的照顾,特别是有些敏感的患者,有时护士的语音语调、表情动作、目光眼神等,都有可能使他们情感受伤,这些伤害并不亚于对患者肉体上的伤害。

2. **技术性伤害** 医护人员的知识和技能水平低下,造成误诊误治,技术操作出现失误;医护人员行为疏忽,操作粗暴,给患者带来不必要的伤害。技术性伤害包括药物的、手术的、器械的等原因造成的伤害。

(四)不伤害原则对护理人员的要求

1. 强化以患者利益为中心的动机和意识,一切护理行为皆为患者所需求的。护士应从服务的语言、态度和技术上常怀仁爱之心,使用温暖话语,态度和蔼、友善有耐心,操作技能扎实,尽量降低患者的痛苦。

2. 恪尽职守,防范无意的但却可知的伤害及意外的伤害,不给患者造成本可避免的身体上、精神上的伤害和经济上的损失。如晚期骨癌患者,易跌伤致骨折,护士就要特别注意做好看护,提前排除易致跌倒的因素,预防骨折。

3. 正确处理审慎与胆识的关系。经过受益与伤害的护理风险的比较评估,选择最佳护理方案,并在实施中尽最大努力,把不可避免但可控制的伤害控制在最低限度之内。

二、行 善 原 则

(一)行善原则的含义

行善原则指护理人员要对患者实行有利的护理行为,以增进患者健康,尽可能避免、减少伤害。行善原则在具体内容上是不伤害原则的延伸和进一步提高。护理实践不能仅仅停留在不伤害的层面。不伤害原则是为了限制医学知识技能的消极作用,而行善原则则彰显了护理学知识技能的积极作用,在限制和消除负面影响的同时,只有充分发挥积极的作用,才能真正实现护理科学的目的。

行善原则的伦理精神是做好事,不做坏事,要求医护人员善待生命、善待患者、善待社会。它调整的是整个医学界医学行为引起的一切伦理关系,它是伴随着医学的产生而产生的,又随着医学的发展而发展,是医学固有的道德要求,因而作为护理伦理学的具体原则之一。

(二) 何时停止行善

行善原则要求护士的行为对患者确有助益,在利害共存的情况下要进行审慎选择,选取利大于弊的行为。另外,行善原则要求护理行为有利于患者,有利于医学发展,同时不能伤害他人和社会。如果医疗护理行为对患者本人有利,但对他人、对社会带来了伤害,那么这种行为必须立即停止,它是不符合行善原则的。如对非法胎儿性别鉴定和无必要占用医疗卫生资源等行为,护理人员要耐心地做好解释工作,以医学需要为原则劝导患者,不能一味"行善"以满足患者要求。

(三) 行善原则对护理人员的要求

护理人员在护理实践中,应把患者的健康和生命放在第一位,尽自己所能减轻患者痛苦。这就要求:

1. 所有的护理行为必须与解除患者的痛苦有关,或以解除患者的痛苦为目的,排除其他不正当的理由和目的。

2. 护理行为能够解除患者痛苦,即护理行为确实能对解除患者的痛苦有实际作用。

3. 护理行为对患者利害共存时,要使该行为给患者带来最大的益处和最小的危害,选择那些效果最好、痛苦最小、安全性高、花费较少的最优化方案。

4. 护理行为使患者受益的同时不能给他人或社会带来伤害。当然,相反地,也不能不考虑患者的个人利益而拿医学或社会的利益要求患者做出过多的"牺牲"。

三、尊 重 原 则

> **重点提示**
>
> 尊重原则也叫自主原则,是要尊重患者在充分知情的情况下自主决定自己的医疗护理方案。

(一) 尊重原则的含义

随着社会健康观念的转变,护理的人文含义也在发生着变化,护士的价值观已经从单纯的"救死扶伤"向"保护生命""减轻痛苦""增进健康"的理念转变。在这种转变中,体现的即是对人的尊重。护理人员只有在实践尊重原则的基础上,才能更好地理解和履行其他原则,体现护理人员关怀照顾的职业内涵。

尊重原则,是指护理人员对患者人格及其自主权的尊重。尊重他人就要尊重他人的自主性,即对医疗护理方案的自主选择和知情同意。从这一点来说,尊重原则也可以称为自主原则。

(二) 患者自主与医护人员自主

自主原则承认患者的主体地位和权利,认为对患者实施的一切措施和行为,都应由患者自己作出决定,这一点强调的是患者自主。同时,患者的自主权并不是绝对的,它以不违背法律、法规、政策和社会公共利益、社会公共道德为前提。必要时护理人员应行使责任及护理自主权,拒绝患者的非理性选择,如传染病患者提出的行动自由的要求和自杀行为等。尊重患者的自主权必须处理好患者自主与医护人员做主之间的关系。

(三) 医护人员如何充分尊重患者的自主权

尊重原则是医学人道主义的核心,也是护理服务理念的最高境界。护理人员应把对患者的尊重贯穿在护理服务的始终。

1. **宽容的态度** 医护人员要严于律己,宽以待人。有些患者由于生活背景和文化素养的不同,其行为和习惯与主流社会或者护士本人的生活信念和价值观念完全不同,护士要具有包容心,尊重理解患者的生活方式,对那些影响疾病治疗和身体健康的不良习惯,要耐心指导和说服教育,允许患者加以改正,切不可一味指责和呵斥,更不能歧视任何一个患者,要以宽容的态度、慈母的胸怀对待患者。

2. **帮助患者选择** 医学是一门专业性很强的学科,即使医护人员为患者提供了足够多的医学信息,患者也了解了各种诊疗护理方案的利弊,但因不可避免的医学伤害的存在这个客观因素,患者还是心有顾虑,难以取舍。这时,医护人员应该多鼓励患者,提出自己的建议,但不应该强迫患者接受或不接受某种治疗方案,应鼓励患者充分表达自己的真实意愿和帮助患者做出恰当的选择。

3. **护士尊重患者,患者亦应尊重护士,尊重是双向的** 患者理应尊重护士的劳动和对自己的帮助,做一个"好患者",为自己争取更多的"有利"。当然,如果个别患者出于任何原因表现出对护士不尊重的态度和行为,护士也不应以此为借口冷淡患者,对患者不管不问,除非患者的行为已经明显违法。这是护理职业道德对护士的要求,护士必须有这种忍耐力,不和患者计较的高风亮节。

(四) 知情同意与尊重原则

尊重原则在实践中最直接的体现是知情同意。知情同意是指临床上具有独立判断能力的患者,在非强制状态下接受和理解各种与其所患疾病相关的医疗信息,在此基础上对医务人员制订的诊疗计划自主决定是否同意和接受。知情同意包含了知情权和同意权(不同意)两层含义。知情是同意的前提,同意是知情的结果。

1. **知情同意是患者的权利** 知情同意的第一步是"告知",患者有权了解自己的病情、治疗方案、护理措施及可预见的后果。知情同意的第二步是"同意"。同意是指患者经过医护告知之后,排除一切与自主自愿相对抗的强制因素如欺骗、暗示、权威意志、强迫等,做出的同意或不同意的选择。也就是说,只有患者自己才有权决定怎样处置自己的疾病,采取什么方式治疗疾病。

2. **知情同意的方式** 一般情况下,知情同意的方式可以是暗示性同意、口头性同意和书面性同意几种方式。一般的治疗护理可以采取前两种方式。手术麻醉、有创检查、人体试验等越来越多的方面则需要采用书面文本的形式来表示患者的知情同意。

另外,在病区公共的地方张贴告示牌,比如医院的各项规章制度、诊疗常规、收费标准和健康知识等,也是一种告知,对某患者较为重要的公示内容护士应该予以提醒。

3. **知情同意的行使**

(1) 区别对待患者行使告知义务:根据患者及家属的文化程度和阅历、理解力、情绪、心理状态去权衡利弊,灵活掌握告知的方式、时机和内容,既保证患者及家属的知情权又避免使其受到不良的心理刺激。

(2) 代理人的知情同意权:若患者不能行使知情同意权,而由其家属、监护人、患者单位领导或同事及医院负责人或上级医师代行,都要受到尊重。

(3) 患者本人与家属的知情选择不一致时:履行知情同意原则时,在患者具备自决能力的条件下尽量争取患者本人的同意决定。在患者本人不具备自我决定能力和没有条件自我决定时,应寻求家属的决定,最好同时取得一份患者给家属的授权委托书。

4. 知情同意的意义

(1) 知情同意有利于建立和谐的护患关系:在护患双方坦诚相见,如实告知,尊重并帮助患者选择方案的过程中,重视患者利益,患者信服医护人员,护患关系自然和谐。

(2) 知情同意有利于贯彻落实尊重原则:知情同意是为了保证患者利益最大化,而尊重患者的知情同意权,正是尊重原则的核心内容。

四、公正原则

(一) 公正原则的含义

公正是公平、正义的意思,是最基本的社会伦理道德。护理伦理学上的公正原则是指在医学服务中公平、正直地对待每一位患者的伦理原则。

根据我国宪法的规定,每一个社会公民应该完全相等地享有健康权、医疗保健权等基本权利。因此,护理人员在接待每一位患者时都要在态度上、技术上和基本卫生资源分配上一视同仁,平等对待,不分富贵贫贱,不分生疏远近。

> **重点提示**
>
> 公正原则要特别注意保证公民享有基本医疗卫生资源分配上的绝对公正和稀有卫生资源分配上的相对公正。

(二) 公正原则在护理资源分配上的体现

护理资源分配是指护理人员针对患者在临床护理中进行的资源分配,主要指住院床位、手术机会及贵重稀缺医疗资源的分配。在这方面的分配中,医护人员要按照一系列的标准进行权衡,如医学标准、社会价值标准、家庭角色标准、科研价值标准、预期寿命标准等,从而确定优先的享用者。这就意味着医护行为存在两方面的内容,一是对待病患的服务态度上,要求绝对公正,没有偏私;二是在卫生资源分配上,特别是稀有卫生资源的分配上,目前要差别对待,相对公平。换言之在基本医疗保健需求上,要求做到绝对平等和公正即人人同样享有;在特殊医疗需求上,要求做到相对平等和公正,即对有同样条件的患者给予同样满足。

(三) 公正原则对护士的要求

在护理伦理学领域,护士需要了解公正原则,需要了解卫生资源的分配情况和我国现阶段的医疗保障制度,但更多的是在日常工作中涉及平等对待每个患者,保证患者平等的医疗权利的实现,如服务态度和服务技术。公正原则对护士的具体要求如下。

1. 护士要以平等的态度对待患者,对患者一视同仁,没有歧视,没有偏私。

2. 在处理护理纠纷、护理差错时,要实事求是,公平公正,站在公正的立场上处理,不偏袒和包庇护士。

3. 护士在参与分配医疗卫生资源时要按照相关伦理学标准尽可能公正无私。

护理伦理学四项具体原则各自独立又相互联系,辨证统一在护理实践中。

在整个医学道德原则体系中,行善原则是最高的医学道德原则。不伤害原则、尊重原则和公正原则是善待患者的进一步原则和表现。它们相辅相成,分别从不同角度来规范护理行为,使同一护理行为对患者带来最大利益、最小伤害,体现出对患者的平等关爱和最大尊重。若某一护理行为使它们之间产生了矛盾,则应具体问题具体分析具体处理。

讨论与思考

某男性在婚检时被查出患有性病。男方怕女方知道后会和自己分手,不让医护人员告诉和自己同来的未婚妻。医师十分为难,建议患者治愈后再结婚。而女方不信任男友的解释,坚持要医护人员告之详情,她认为这是她的权利。最终女方知道实情并和男方分了手。后来该男士状告医护人员侵犯其隐私权。从护士的角度谈谈应该怎样尊重患者的隐私权?

(刘万梅)

第4章

护理人际关系道德

学习要点
1. 护理人际关系的概念
2. 护患人际关系的内容及模式
3. 护患关系的道德要求
4. 其他护理人际关系的道德要求

案例分析

2010年7月23日上午,陈先生带妻子在某市凤凰医院迎来了儿子的出生。当晚9时左右,妻子开始喊疼,陈先生看到她肛门处有鸡蛋大小肿块,周边明显都是缝线。陈某联想到助产士张某在产妇分娩前曾四次到病房索要红包,而陈某只给了100元,就认为是助产士张某在给妻子接生时实施报复,故意缝住了妻子的肛门,遂向媒体报料。28日,市卫生和人口计划生育委员会针对媒体质疑的红包、缝肛门、助产士执业资格等问题向媒体公布调查结果为:产妇的肛门并没有被缝,肛门部位那一圈线是助产士针对产妇生产过程中的痔出血点做的止血处理,结论同时认定,张某接受100元红包是事实;对产妇痔做的诊疗行为超出了助产士的执业范畴,属于超范围执业。张某接受了院方处理。

请分析
1. 你认为该助产士接受患方红包的做法是否会影响护患关系?
2. 本案例中护患关系恶化的根源是什么?

第一节 概 述

一、护理人际关系的概念

护理工作是整个医疗工作重要组成部分。开展护理工作,必然涉及护理工作的主体、客体及主客观等多方面要素。其中,人的因素是最主要的、最复杂的要素,因而形成了各种护理人际关系。

护理人际关系是指在整个医疗护理实践中,同护理工作有直接联系的人与人之间的交往关系。主要包括护患关系、护医关系、护际关系、护技关系、护理人员与社会的关系等。护理人际关系是护理伦理学研究和探讨的核心内容之一。其中,护患关系又是护理人际关系中最基本、最重要的人际关系。处理好这些护理人际关系,直接关系到护士的工作情绪和工作的积极性,进而影响到护理工作的质量及患者的康复状况。因此,研究护理人际关系道德十分重要。

二、研究护理人际关系道德的意义

(一)有利于规范护理人员与患者之间服务与被服务的关系

在护理工作中,影响患者满意度的主要因素有护理人员的素质和行为模式、患者的行为模式、医院环境、经济因素、法律因素和道德因素等,其中道德因素对患者的满意度影响较大。研究护理人际关系道德,不仅有利于规范护理人员的道德行为,而且也有利于规范患者的道德行为,从而使护患之间形成良好的服务与被服务的关系。

(二)有利于促进护理人员之间形成平等协作的关系

随着社会分工的进一步深化,团队协作显得尤为重要。现代护理工作同样离不开护理人员之间的平等协作。研究护理人际关系道德,有利于规范护理人员之间的道德行为,提高他们的道德境界,养成尊重他人、平等待人的道德品质,从而有利于促进护理人员之间平等协作关系的形成。

(三)有利于促进护理人员和其他医务人员之间团结互助、互相监督,共同为患者服务的关系

护理人员和其他医务人员之间既有协作共事的一面,也有竞争排斥的一面。因而,他们之间难免会发生利益冲突。因此,从道德上规范他们的行为就显得十分重要。研究护理人际关系道德,有助于在他们之间形成良好的道德关系,共同为患者提供优质的服务。

(四)有利于规范护理人员与社会之间的关系

《国际护士条例》第一节明文规定:"护士与社会的关系:护士应与其他公民共同行动,履行自己向社会提供服务的义务,以满足公众对卫生的需求和社会对护理的需求。"这就是说,护士必须履行向社会提供服务的义务,但同时,社会也应对护士提供必要的帮助。一方面,护理人员履行社会义务和承担社会道德责任;另一方面,社会也应为护理人员提供必需的公共服务、保护护理人员的合法权益,使护理人员和社会之间形成良性互动。研究护理人际关系道德,有利于规范护理人员和社会其他成员的道德行为,提高护理人员乃至整个社会的道德境界,从而使护理人员与社会之间形成一种良好的道德关系。

第二节 护患关系道德

> **重点提示**
>
> 护患关系是护理伦理学研究的基本内容之一,是护理人际关系中最重要的关系。

一、护患关系的成立与分期

护患关系是指护士与患者及其家属在特定的护理与被护理情境中形成的社会关系。是护理人际关系中最核心、最本质的部分。随着护理功能和护理实践范围的扩展,护患关系中的活动主体有了更丰富的内容。护理人员包括护理部主任、护士长、护士或护理员,而患者一方除了患者以外,还包括患者家属、监护人、患者所在单位,以及与患者有密切关系的人员和组织。

佩普劳将护患关系的发展过程分为四个时期:

1. **熟悉期** 是患者和护士互相认识、逐渐熟悉的阶段。此期护患关系的主要任务是护士与患者之间建立信任关系。护患之间的信任是建立良好护患关系的决定性因素之一,是以后要进行护理活动的基础。

2. **确定期** 护患双方在熟悉的基础上开始合作,护士开始对患者进行专业性照护和帮助。其主要任务是采取具体措施为患者解决健康问题。护士在提供护理时,应注意调动患者的主动性,鼓励其参与治疗护理活动,从而提高患者的自理能力及健康保健知识水平。

3. **开拓期** 患者从护理过程中逐渐获益,健康逐渐恢复,与护士更加熟悉和互信。此期患者易出现依赖与独立的冲突,护士应帮助患者渐渐摆脱依赖,恢复自理能力。

4. **解决期** 护患密切协作,达到预期目标,患者需要得到满足,身体基本康复,情绪良好;护士帮助患者恢复生理上和心理上的自立能力。

佩普劳人际关系模式认为,护士在和患者的互动过程中起主导作用,应对患者承担起教育者、帮助者、领导者、咨询者、代理人等多种角色,以达到维护和促进患者健康的目的。

二、护患关系的内容及其模式

> **重点提示**
>
> 护患关系的内容可分为护患技术关系和非技术关系,技术关系是非技术关系的基础,但护理实践中两种关系是纽结在一起,互不分割的。
>
> 护患关系在内在结构上是一种多层次、多因素交叉的复杂的社会关系。为分析的方便,把护患关系分为技术关系和非技术关系两个层面,但实际的护患关系并没有截然不同的分层。

(一)护患技术关系

护患技术关系是指护理人员与患者在护理技术活动中建立起来的行业关系。在这种关系层面,护理人员起主导作用,是服务的主体;患者是被服务的对象,是服务的客体。1976年美国学者萨斯、荷伦德在《医患关系的基本模式》中提出了医患关系的三种基本模式。

1. **主动-被动型** 护士主动,患者被动接受护理服务。这种类型的护患关系被比喻为母亲与婴幼儿的关系,即"护士为患者做……"此模式的特点是护士单向作用于患者,而忽视了患者的能动作用,仅适用于婴幼儿、全身麻醉、昏迷、休克、精神病等不能自主表达主观意志的患者。

2. **指导-合作型** 护理人员专业指导,患者方有限度地合作。在这个模式中,护士仍是主角,患者是配角。犹如母亲与少年的关系,即"护士告诉患者做……"适用于大多数患者和清醒的急性、较严重的患者。

3. 共同参与型　这是一种以平等为基础的护患关系。护患双方具有促使健康恢复的共同愿望,共同协商治疗疾病的方案和护理措施,双方具有同等的主动性,犹如成年人之间的关系,即"护士帮助患者自己做……"这种类型适用于长期慢性患者、轻病或恢复期的患者和一般心理护理。

以上三种护患关系模式各有特点,适用于不同的患者或同一患者不同的病程阶段。护士应该充分依据患者的不同情况和不同的疾病,辩证地、科学地选择对应的模式。无论何种模式,只有在特定的范围内适用,才是正确的、有效的。

(二) 护患非技术关系

护患非技术关系是指护理人员与患者之间除护理技术关系以外,受社会、经济、心理等因素的影响,所形成的道德、利益、价值、法律和文化等多种关系,是对护理人员的医德要求。这些关系相互作用,相互联系,共同影响护理质量。

1. 道德关系　这是护患交往非技术关系中最为重要的关系。在护理活动中,尽管护患双方的目的是一致的,但由于各自所处的地位、利益、文化素质、思想修养的不同,对待护理活动及其行为方式、效果有不同理解,因而会产生一些矛盾。为了协调和处理好这些关系,护患双方都必须遵循一定的道德原则和规范,来约束自己的行为。护士要以患者健康为中心,为患者提供优质高效的护理服务,保护患者利益,尊重患者人格;患者也应积极配合护士,遵守医院秩序,文明就医,尊重信任护士,共同构建良好的护患关系。

2. 利益关系　利益关系是护患双方在服务与被服务的基础上发生的物质利益和精神利益的关系。这种利益关系是平等的、互助的、双向的。一方面,护士履行护理职责,虽然辛苦,但看到自己护理的患者逐渐康复在心理上会得到一种愉悦和满足,同时因为从事护理职业获取了工资和薪金等各种合理报酬;患者在付出医疗护理费的同时,得到了护士提供的身体心理双方面的护理服务,从而战胜疾病,重返社会,实现了自己最大的健康利益。由于医疗护理服务是一种特殊形式的劳动,又决定了护患之间的经济关系不能完全和一般商品的等价交换关系等同,所以要求医护人员必须正确处理好经济利益与社会效益的关系。

3. 价值关系　价值关系是在护理活动中护患双方在实现各自社会价值中形成的关系。护理人员用自己的知识、技术和智慧为患者解除痛苦、恢复健康的过程中,实现了一个护士的自身价值,也赢得了崇高的社会价值。患者在得到康复重返社会之后,又发挥所长,为他人和社会做贡献。这种双向的价值关系也是我国社会主义条件下人们之间价值关系的高度体现。

4. 法律关系　法律关系是在护理活动中,护患双方均应受到法律的保护与约束,依法享受权利和履行义务。我国现有的《侵权责任法》《护士条例》等法律法规,调整的主要是医护人员与患者之间的法律关系。《护士条例》开篇就表明:"为了维护护士的合法权益,规范护理行为,促进护患关系和谐发展,保障医疗安全和人体健康,国务院颁布了《护士条例》。"由此可见,护患关系一旦发生,就是一种事实上的法律关系。如果发生了一方被侵权的事实,另一方就要承担法律责任。

5. 文化关系　护理人员和患者有各自不同的文化背景、宗教信仰、价值观念等,对事物有不同的看法和观点。在护患之间,要彼此尊重。特别是护士,更要注意从治病救人的角度理解患者,尊重他们的文化风俗,要注意用一定的跨文化知识,为不同的服务对象提供多元化护理服务。

现实中的护患关系总是在技术和非技术两个层面上同时展开的,不存在割裂的技术关系或者非技术关系。护患技术关系是非技术关系的基础,非技术关系是技术关系的保证。如果护患之间不信任,甚至是紧张的或冲突的,护患技术关系就难以维持。因此,护理活动的完成是通过护患双方技术关系和非技术关系相互作用来实现的。

三、护患关系的道德要求

(一)热爱本职,自尊自强

护士是指"经执业注册取得护士执业证书,从事护理活动,履行保护生命、减轻痛苦、增进健康职责的卫生技术人员"。可见,护理工作是具有很高的技术含量和崇高目标的,护士职业理应受人尊敬,护理人员自身更要热爱本职,自尊自强,以良好的职业态度和职业自信对待患者,取得患者亲人般的信赖。

(二)认真负责,任劳任怨

护理操作需细心,护理服务需耐心。对工作高度负责的护士,心里始终装着患者,不会计较自己的一时得失,甚至是患者的误解和个人的委屈。只有任劳任怨,诚心待人,认真做事,敢于负责,才能成为一个好护士。

(三)尊重患者,一视同仁

尊重患者,平等待人,无论患者什么职业、民族、宗教信仰、社会地位、文化程度、贫富贵贱都应一视同仁,平等地提供护理服务,富有同情心、爱心和责任心,尊重患者人格,维护患者利益。

(四)举止端庄,态度和蔼

一个人的言行举止、仪表仪态透露出这个人的内在品质和修养。护理工作的对象是人,患者对护士良好的第一印象甚为重要,是良好护患关系的开始。患者通过护士的言行举止、服务态度来感知和判断护士是否值得信任。举止端庄,态度和蔼的护士才能得到患者的尊重和喜爱,赢得患者的配合,建立良好的护患关系。

(五)语言贴切,保守秘密

患者因生病且又缺乏医学知识,往往敏感、焦虑,对护理人员说出的每一句话都非常重视,甚至不切实际的联想。所以面对患者,护理人员要耐心解释,语言谨慎,多使用安慰性语言、治疗性语言、鼓励性语言,少使用医学术语,禁止使用刺激性语言,不说"我不知道""这事不归我管""问医师去"等。同时为患者保守医密,不随便泄漏和传播患者的病情和其他隐私。

(六)知识广博,精益求精

护理是一门科学,有自己独特的科学体系,内涵丰富。护士要随着护理学的发展不断学习新知识,钻研新技术,操作上精益求精,满足日益发展的现代护理工作的需要。

(七)理解家属,耐心解疑

护士与患者家属的关系是护患关系重要的构成部分,双方目标一致,都希望患者早日康复,但患者家属会因亲人生病感到多方面的压力,所以一切治疗护理工作都要取得家属的理解和支持,消除家属的心头疑问,争取家属对护理工作的支持。

四、影响护患关系的因素

护患关系是社会生活中人际关系的特殊表现形式,在护理活动中护患双方彼此建立关系的基础和目标是一致的。同时,护患关系还存在着诸多问题,影响护患关系的因素很多,除了社会大环境中一些不利因素之外,主要有以下几方面。

(一)护理人员因素

护患关系和谐程度的高低主要取决于护士的道德境界、心理状态、护理技术等来自于护士方面的因素。

1. 非技术因素 护士服务态度不好,缺乏同情心,不懂患者心理,与患者沟通不畅,工作责任心差,言行不谨慎造成患者误解,或者有些护士没有摆正护患之间服务与被服务的关系,听不进患者意见,认为自己权威;还有部分护理人员把护理职业单纯地作为谋生手段,出现职业疲惫等问题。

2. 技术因素 护理活动则是护理道德和护理技术的统一,护理道德是灵魂,护理技术是基础。护理人员如果缺乏扎实的专业知识和精湛、娴熟的操作技能,在实施护理过程中,给患者造成不必要的痛苦,甚至造成严重后果。这就必然引起患者的不满、不信任,影响护患关系。

(二)患者因素

随着社会的进步,人们对医疗卫生的需求也在不断提高,保护自身的法律意识也逐渐增强,有的患者对医护人员抱着怀疑或挑剔的心态;有的患者对治疗护理要求过高,认为自己交足了医疗费用医院就应该治好自己的病,一旦医护效果不理想就直接怪罪于医护人员,没有认识到医学在当前的局限性;还有的患者或家属文化素养低或者性格人品有缺陷,对护士无端指责,提出非分要求,从而引起护患矛盾。

(三)医院因素

医院管理混乱,环境布局不合理,标识不明确;卫生条件差,生活设施不全;护理工作质量不高;加之部分医疗机构和医护人员过度追求经济效益,存在不合理检查、不合理治疗和不合理收费等行为,直接影响了医护人员和患者的关系,也是导致患者对医护人员不信任的重要因素。

(四)社会经济因素

在国家医疗卫生体制深化改革的进程中,我国目前的医疗保障依然存在水平不均衡的问题,因病致贫、因病返贫的现象尚未完全消除,"看病贵"依然是一个需要破解的社会难题。患者及家属面临较重的医疗经济负担时,对医疗费用问题会格外关注,容易对医疗机构和医护人员产生不信任情绪。

五、改善护患关系的对策

改善护患关系需要多方面的共同努力。在个体的护患关系上,护士承担着更多的责任和义务,而患者为避免自己"吃亏",也应该提高修养,主动修善和护士的人际关系,实现健康利益的最大化。

(一)护士应进一步提升护德,实行人性化整体护理

生物-心理-社会医学模式,要求护士在工作中关心体贴患者,以患者利益为中心,把患者当成"整全的人"而不是只顾"病"不顾"人",注意患者的身体、心理、经济、信仰等综合情况,提高与患者交流的科学性、艺术性。做患者利益的维护者,急患者之所急,想患者之所想,痛患者之所痛,和患者交朋友,建立彼此信任的护患关系。

(二)提升技能,避免患者不必要的痛苦

护士应苦练护理技术,达到每次护理操作都准确到位,一次成功,避免给患者带来不必要

的痛苦。实施护理操作的同时严密观察病情,及时发现问题并报告和处理。

(三)医院在护理管理中,要依法规范

不使用没有护士资格证的护士做临床护理工作,制订护士分级培训使用的计划并落在实处,改善就医条件,力所能及地帮助患者解决一些困难,比如医院标识更清楚,为行动不便的患者提供轮椅,专人陪送患者做辅助检查等。还要及时、公正地处理患者投诉,给患者说话的权利和渠道。

第三节 护际关系道德

护际关系是护理人员在护理工作中所发生的与同行之间的人际关系,包括护理人员之间的合作关系及护理人员与其他医务人员的合作关系。

一、护际合作关系

(一)护际合作关系的类型

当代医院是一个高度复杂的管理体制。护士身处其中,既受制于医院的管理,又相对独立地自成体系。在这个体系中,从护理管理上讲,有护理副院长、护理部主任、护士长、护士;从职称上讲,护士可分为主任护师、副主任护师、主管护师、护师、护士、护理员多个层次;从岗位上讲,护士又有门诊护士、急诊护士、病房护士、手术室护士等。相应地,护护关系的种类也有多种,通常我们可以把它归纳为三类:上下级关系、同级关系、教学关系。

1. **上下级关系** 关系的性质是领导与被领导的关系。领导者要以身作则,严于律己,处理问题既坚持原则又要讲艺术性,知人善用,以理服人,在工作中多用情,少用权,要通过自己的品行、知识、技能和情感等非权力因素影响下级,为下级谋利益,当好带头人;下级尊重上级,服从上级安排,体谅理解上级。上下级之间团结一致,相互沟通,相互支持,顾全大局。

2. **同级关系** 护理工作的整体性很强,由于分工不同,每个护理人员的角色、责任也相应不同,如责任护士、主班护士、治疗护士等。护护同级关系的协调与处理,必须坚持以患者的利益为重,每个人都严肃、认真地做好自己的工作,并能相互协作,主动配合,缺位互补,共同高质量地完成对患者的护理。

3. **教学关系** 这是护士长、带教护士与实习护士的关系。性质上属教育与被教育的关系。教育者要以身作则,积极传授相关知识和经验,尊重被教育者的人格,潜移默化地给学生做好榜样,培养学生良好的职业习惯和职业素养;被教育者要端正态度,谦逊好学,克服娇生惯养带来的不良个性,努力获取护理知识,尊重老师。

(二)影响护际关系的因素

1. **工作阅历** 不同工作阅历的人对工作的态度、对问题的看法不完全相同。在护理工作中,年高护士因资格老、护理经验多,观察病情更能有效地抓住蕴含一定价值意义的苗头,但年龄大、体力差、动作慢、好唠叨,有的爱在年轻护士面前摆架子,引起年轻护士的不满;年轻护士则缺乏护理经验,年轻娇气,不善吃苦,缺乏耐心,专业思想不够稳定,敬业精神较差,但年轻人往往心高气傲,认为自己知识面广,精力充沛,动作敏捷,思维快,看不起老护士。

2. **知识水平** 近年来,随着护理学科和护理教育的发展进步,一批批高学历的护士走上了工作岗位。她们中有部分人认为自己学历高,理论基础好,不愿意从事基础护理工作,嫌脏嫌累,还不愿意向临床护理工作的老同志学习;而从事多年临床护理工作的护士,对于学历高不谦虚不务实好高骛远的护士心存芥蒂,不愿帮教,从而导致关系紧张。

3. 工作角色　不同的工作岗位承担着不同的工作任务。护士长希望护士工作能力强,能独挡一面,又服从管理;护士希望护士长管理有方,一视同仁,关键时候能起带头人的作用,宽容温和办法多,能够指导和帮助下属。如果双方互相挑剔,互不体谅,过分强调自己的岗位和利益,只希望得到对方的关照,而不肯为他人考虑,矛盾就在所难免。

4. 师生关系　临床护理上的师生关系多为带教关系。带教老师都喜欢带教那些机灵聪明、接受能力强、勤快嘴甜的护士,对于接受能力差、反应慢的学生就批评指责多,甚至态度冷漠,不愿带不放手。有些高学历的学生不虚心、不懂装懂,甚至不尊重老师,影响了她们之间的关系。

(三) 护际合作关系的道德规范

总体上说,护理是一项需要同事之间分工负责、团结协作、紧密配合的工作。责任制护理、小组护理、整体化护理等常见的临床护理模式也要求护士之间互相配合,搞好协作,共同完成对患者的护理任务。

1. 患者利益第一,共同服务患者　无论什么情况,护士都要清醒地认识到:患者利益第一。在这个前提下,护士要抛开个人恩怨,共同协作,缺位互补,互帮互助,杜绝护理事故的发生,不使患者利益受损。

2. 自信与互信,相互尊重　护士独立执业,应具备相应的学识水平和技能,能很好地胜任本职工作。做好自己份内之事,不给别人添麻烦。相信同事的工作能力,欣赏同事的才学品质,在工作中、生活中懂得与人分享,不吝支持、关心、赞美他人,以诚待人,赢得同事的尊重,寻求真诚合作。

3. 胸襟宽广,平等竞争　护士在工作中互相协作,共同进步,在个人合法利益面前,展开平等竞争。如职称晋升、评先评优、职务提拔等。护士应内练素质,外练技术,靠自己的真才实学展开平等竞争,绝不能耍手段背后搞小动作。还要胸襟宽广,宽容体谅对方,不嫉贤妒能,不传播谣言,不故意踩压,在公平竞争中提升自己的道德素质和人格魅力。

二、护医合作关系

(一) 护医合作关系的内容及模式

1. 主从型　20 世纪前半叶,生物医学模式确立"以疾病为中心"的医学指导思想。此阶段的护理特点是:护理从属于医疗,护士被看成是医师的助手,护理工作的主要内容是执行医嘱和完成各项护理操作。相应地,护士处于从属地位,医师处于主导地位,护理工作依附于医疗工作,护士只是简单地执行医嘱,机械地完成分工任务,许多情况下责任不明,对患者的病情、疗效、心理状态缺乏全面系统的了解。

2. 指导-被指导型　随着护理工作逐步的专业化、职业化,医师和护士的关系转变为指导与被指导的关系,护士在医师的指导下制订护理方案和措施,其主观能动性并未充分发挥。比如患者护理的级别仍然由医师确定,护士只是遵医嘱而执行。不过,这种模式正在被逐渐突破。在大医院里,不仅是医师,护士也在不断地评估患者的健康状况,提出患者的护理级别,然后把信息提供给医师,最终确定或不断修正患者的护理级别。

3. 并列-互补型　到了 21 世纪,新的医学模式的建立,护理工作的内容不再是单纯地、被动地执行医嘱和完成护理技术操作,而是对患者包括身心、社会全方位的整体护理,满足患者的健康需要。因此,护士与医师成为合作伙伴关系,他们只是不同岗位之间的平等协作和工作互补,护理工作的重要性和独立性越来越引起人们的重视。

显然,并列-互补型的医护关系更符合现代医学科学发展的需要,也是社会发展对医护工作分工的职业化要求,体现了医护双方工作的独立性和平等合作的必要性。

(二)护医双方的角色期望

维系良好的护医关系,需要先了解对方对自己的角色期望。

一般而言,护士对医师的角色期望有:诊断正确,医嘱明确,便于执行,有时能协助护士完成医嘱;工作计划性强,不拖拉,如开医嘱的时间等;尊重护士劳动,在患者面前注意维护和树立护士的威信;具有较高的医学知识和人文修养,对待护士和患者均仁厚为怀。

反过来,医师则希望护士:能严格而认真地执行医嘱并理解医嘱的意图;及时而详细地报告患者的病情变化、心理状态及治疗后的反应;若执行医嘱过程中有什么问题及时商议,以求更好地解决;护理操作娴熟,有较高的人文社科知识,会做患者和家属的心理工作。

(三)护医合作关系的道德规范

每一位患者从入院到出院,从治疗、护理到康复的全过程,都是由医护密切合作完成的。临床实际工作中,比如施行大手术的患者,术前、术中、术后护理相当重要。单就术后护理来说,如果护理工作没做好,即使手术再成功,患者也很难痊愈。护医双方只能互相配合、互相尊重、平等合作。

护医合作关系道德要求具体为:

1. **平等协作** 医师和护士虽然工作的对象、目的相同,但工作的侧重面和使用的技术手段是不同的。分工上的不同,不代表有主次之分。医护人员相互支持,真诚合作,共同携手为解除患者痛苦、缩短病程各尽职责。护医关系在这样的交流与协作、并列与互补中形成共同的战斗团队,实现帮助患者康复的共同目标。

2. **尊重信任** 治疗和护理是医疗工作的两个重要组成部分。护医双方都要认识到对方的职责和作用,要互相尊重和信任。在医疗过程中,护士接触患者最多,对患者的病情变化、心理负担了解得最为仔细和全面,护士要主动向医师提供患者的症状和体征,并能提出合理化建议;医师要重视信任护士,开出的医嘱清晰明了,在一些治疗或检查工作中和护士紧密配合,承认护理工作的独立性和重要性,尊重护士对医疗器械的管理和支配。

3. **监督制约** 任何一种医疗差错都会给患者带来身心健康的损害,甚至危及患者生命。因此,护医之间应该相互监督对方的医疗护理行为,以便及时预防和发现,杜绝或减少医疗差错、事故的发生。这既是对患者负责,也是对医护双方负责。在诊疗护理工作中,互补关系可以发现一些对方该做而疏忽未做的或做得不到位的医疗护理工作,及时提醒,及时采取措施弥补和纠正,防止患者损失的进一步扩大,不能隐瞒和护短,不能互相指责和拆台。

三、护技合作关系

护技关系是护士在护理工作中与检验、药房、供应科等部门人员发生的业务关系。护士与这些辅助检验科室的工作人员的关系也是平等的、协作的,应以患者的生命和健康为中心,互相尊重。

1. **团结互助,合作共事** 护理人员与医技人员关系密切,接触频繁,如送检标本、核对检查结果、领取药品,协助患者特殊检查、消毒包的供应和使用等,都需要双方互相配合,大力协作。

2. **互相尊重,以诚相待**　医院的各类技术人员都有自己的专业特长,处于主岗位的医护人员多、工作量大,而辅助岗位人员少,工作量却不小,所以医、护、技之间应互相尊重,诚信合作,互相体谅,即使出现问题,各方也应多从自身查找问题,分析原因,协调解决。

> **重点提示**
>
> 总体看来,护际合作关系的模式可以概括为平等-互敬-协作。
> 平等、互敬、协作是适用于所有护理人际关系的准则。
> 1. 平等指人格平等、权利平等、尊严平等、地位平等。
> 2. 互敬指彼此谦让,互相尊重,不可随意议论他人隐私、缺陷,不要任意排斥、取笑别人,不可妒贤嫉能,唯我独尊,不可故意踩压别人,贬损同事。
> 3. 协作指共同合作,相互配合,缺位互补。

讨论与思考

某患者在做胆囊造影时,由于护士进针深度过浅,注射时有少量造影剂外渗,患者感觉注射部位明显疼痛,但护士根本不在意。患者回病房后直接去找自己信任的护士长,护士长发现注射部位肿胀较明显,立刻帮患者抬高患肢、局部药物外敷等处理措施。然而患者被注射的部位仍很快就长了水疱,并且很痛。患者非常气愤,认为护士的不负责任给自己增添了新的痛苦。

1. 该护士的行为符合护理伦理学的要求吗?
2. 护士长应该如何对待犯错误的护士,如何安抚患者?
3. 该护士认识到自己的错误后应该如何做?

（刘万梅）

第 5 章

护患双方的权利与义务

学习要点
1. 护士的权利与义务
2. 患者的权利与义务

案例分析

2012年11月,一个名叫小锋的携带艾滋病病毒的肺癌患者先后在天津与北京的两家医院求医,结果因术前检查查出艾滋病病毒而被拒诊,遭拒的理由分别是"不适合手术治疗"和"不具备肺癌手术资质"。最后,小锋在向第三家医院求医的时候,不得不私自篡改病历、隐瞒自己身患艾滋病的事实。第三家医院在不知情的情况下为小锋进行了手术。这件事情被媒体曝光之后,引发了全国人民的广泛热议。

请分析
1. 本案中的患者有住院手术的权利吗?
2. 面对艾滋病患者,医护人员的职业保护权与患者医疗权利发生冲突怎么办?

第一节 护士的权利与义务

权利是道德或法律上认定的正当利益,即权利主体可以按个人意志去行使或放弃该项权利,而不受外来的干预或胁迫。义务即主体必须或应当承担的职责,是法律或道德对公民或法人必须做出或禁止做出一定行为的约束。护理人员的权利是指护理人员在护理活动中所拥有的正当权力和利益,护理人员的义务是指护理人员在护理活动中应当履行对社会、集体和他人的道德责任。

一、权 利

在现代医疗护理过程中,患者的诊疗计划能够实施,健康能够得以快速恢复,得益于护理人员提供的身体和心理的整体护理。这就是说,护理人员在履行职责时需要拥有相应的权利,同时尽到自己明确的义务。

(一) 履行护理职责的权利

为履行职责,护士有权在注册的执业范围内实施护理诊断和治疗,获得与疾病诊疗、护理相关的信息。这就是说,护士既要执行医嘱完成治疗,密切观察病情,又要对患者提供生活照顾帮助患者尽快康复。因此,护士必须充分了解患者的疾病信息、治疗方案、检查结果,在此基础上制订并完成患者的护理计划,完成对患者的治疗、护理、观察、康复和照顾的职责。

(二) 安全执业的权利

护士在执业活动中拥有人格尊严,人身安全不受侵犯,这既是护士的法律权利,也是护士的道德权利。在护理实践中,如果护士的护理效果未能达到患者满意,或者和患者、家属发生矛盾纠纷,患者一方应该按照合法的途径和程序解决,保证护士的人格尊严和人身安全不受侵犯。

(三) 维护个人正当权益的权利

1. **取得工资薪金等合理报酬** 护士作为一个普通劳动者,在付出劳动的同时有按照国家有关规定获取工资报酬、享受相关福利待遇、参加社会保险的权利。所在单位或者个人不得克扣护士工资,降低或者取消护士福利等待遇。

2. **参加学习、培训的权利** 护士走上工作岗位以后,仍然有不间断学习、掌握新知识及新技术的必要。所以护士有参加专业培训、从事学术研究和交流、参加行业协会和专业学术团体的权利,也有按照国家有关规定获得与本人业务能力和学术水平相应的专业技术职务、职称的权利。护士参加专业培训,掌握新知识、新技术,提高护理专业水平,既是医学科学和护理专业发展的需要,更是保证护理工作质量,保障护理对象生命安全和健康的需要。

3. **获得表彰、奖励的权利** 在护理工作中做出杰出贡献的护士,应当受到表彰、奖励,在职称晋升和职务提拔时予以优先考虑。

4. **劳动保护的权利** 护士执业,有直接接触有毒有害物质、感染某种传染病的危险,所以护士有获得与其所从事的护理工作相适应的卫生防护、医疗保健服务的权利,有依照有关法律、行政法规的规定接受职业健康监护的权利。

5. **批评建议权** 护士可以对医疗卫生机构和卫生主管部门的工作提出意见和建议,也可以对预防保健、环境保护、精神卫生等方面提出建议或参与实施,依法进行民主监督。

(四) 护士的特殊干涉权

特殊干涉权是指医护人员在特殊情况下,限制患者自主权的行使,以确保患者自己、他人和社会的正当权益不受侵犯。当然,特殊干涉权不是任意行使的,只有在以下范围内才有效:

1. **人体试验** 在进行人体试验时,虽然患者已经知情同意,但在出现高度危险的情况下医护人员必须中止试验以保护患者利益。

2. **善意隐瞒** 危重病患者要求了解自己的疾病信息,为避免告知实情可能会刺激患者而产生不良影响时,医护人员可以暂时向患者隐瞒真相,只告知家属。

3. **必要的限制行为** 精神病患者、企图自杀者,如果拒绝治疗,护士可以强迫治疗或采取约束措施控制其行为;对烈性传染病的患者护士应按法律规定履行报告义务而不是作为患者隐私无原则地加以保护。

二、义 务

护士的义务是指在护理工作实践中,护士对患者、社会应尽的职业责任和义务。护士的道德义务把护士对患者和社会的责任变成自身的内心信念和道德习惯,把救死扶伤当作自己的天职,自觉履行。

(一) 进行临床专业护理照顾

履行护理职责既是护士的权利也是护士的义务。护士取得法定资格,进入护理行业,开展临床护理工作,既是护士的职责要求,也是护士必须履行的对患者、患者家属及社会的义务。专业照顾有别于生活照顾,它是护士基于专业知识和技能的基础上,保证患者生命健康和安全、有利于康复的情况下,帮助患者完成治疗、护理及日常的生活。

(二) 紧急救治患者

护士在护理活动中,遇到患者病情危急,应当立即通知医师;在医师未到场时,紧急情况下为抢救垂危患者生命,应当先行实施必要的紧急救护,为医师的进一步施救做好准备工作。如,护士独立值夜班时,遇患者突发心搏骤停,必须争分夺秒进行心肺复苏,患者才有被救的希望,护士即要一方面通知医师,一方面实施心肺复苏。

(三) 正确执行医嘱

执行医嘱是护士保证患者治疗效果和医疗安全的首要措施。一般情况下,护士应严格执行医嘱,不得随意篡改或无故不执行。若护士依自己的专业水平发现医嘱违反法律、法规、规章或者诊疗技术规范规定的,应当及时向开具医嘱的医师提出,经沟通取得一致意见后再执行;若仍有疑惑,必要时,应当向该医师所在科室的负责人或者医疗卫生机构负责医疗服务管理的人员报告,以免患者利益受损。

(四) 保护患者隐私

护士应当尊重、关心、爱护患者,保护患者的隐私。由于治疗护理工作的需要,护士在工作中可能会接触到患者的一些隐私,如既往史、家族遗传史及个人的婚姻恋爱及性生活的隐私等,包括患者不想让别人知道的现病史。护士有责任和义务保护患者隐私,不使随便泄露。这种对患者人格和权利的尊重,有利于与患者建立相互信任的护患关系,既是职业道德层面的要求,也是法定义务的要求。

(五) 参加应急救护

发生自然灾害、公共卫生事件等严重威胁公众生命健康的突发事件,护士应当服从县级以上人民政府卫生主管部门或者所在医疗卫生机构的安排,克服困难,参加医疗救护,向社会奉献技术和爱心。

(六) 正确书写护理记录

护士有义务及时正确书写包括护理记录在内的病历资料,保证治疗护理病历内容客观、真实、完整,对病历要实施科学管理。在医疗护理活动中,医护人员应当将患者的病情、医疗措施、医疗风险等如实告知患者,及时解答其咨询。当然,告知时应当避免对患者产生不利后果。

(七) 发展护理科学

为消除疾病对人类的困扰,促进健康恢复,增进人体健康水平,护士需研究新的护理手段、护理方法,这需要护士具有求实和奉献的科研精神,通过大量艰苦细致的护理研究最终进一步提高护理质量。

第二节 患者的权利与义务

一、权 利

> **重点提示**
>
> 患者的权利正是护士的职责和义务，患者履行好自己的义务会更好地保证患者权利的实现。患者的道德权利是患者在医疗卫生中所拥有的而且能够行使的权力和应该享受的利益，亦称患者权益。

(一) 生命健康权

生命健康权是无条件的、绝对的，不以义务为前提的。生命权是保障人体生命的延续，以生命安全为核心、他人不得危害的权利，不得以任何手段伤害他人身体致人死亡。健康是指人体各系统发育良好、功能正常、精力充沛、具有良好的劳动技能和社会适应的状态，既包括各器官系统生理功能的健康，也包括精神上的健康。健康权是以身体的外部的完整性和内部功能的协调性为主要内容的一种权利，任何医护人员和医疗机构不得拒绝患者的求医要求。

(二) 平等医疗权

医疗权是健康生命权的延伸。患者进入到具体的医护关系内，所有患者在社会地位、人格尊严等方面是平等的，应受到医护人员的尊重，平等地享有合理的诊疗护理照顾，平等地享有基本的医疗卫生资源。医护人员任何时候都应满足患者基本的诊治要求，不能怠慢和延误患者的必要的护理需求。

(三) 知情同意权

患者的知情同意权是患者自主权的具体表现。知情同意权包括"知情""理解""同意"三层意思。患者有权了解与自己疾病相关的一切情况，同时，患者还有权要求医护人员对此做出通俗易懂的解释，有权了解医疗机构的基本情况、相关医护人员的基本情况；特殊检查情况、手术或操作的危险性或并发症、试验性检查或治疗、医疗措施可能带来的不良后果、药物的不良反应；对患者隐私的检查暴露状况、与教学和科研有关的诊疗行为及收费情况。有权在充分知情的基础上，对医护人员的建议、方案、决策做出接受或拒绝及从中选择的权利。

(四) 隐私保护权

所谓隐私权指个人私生活事项不受非法干扰或侵犯之权利。因患病原因，患者不得不将自己视为隐私的个人信息告知或暴露给医护人员，但患者有权要求医护人员保护有关自己疾病的诊断、性质、预后、治疗等方面的信息；有权对接受检查的环境要求具有合理的声、像方面的隐藏性；由异性医护人员进行某些部位的体检治疗时，有权要求家属或护士在场；在进行涉及其病例的讨论或会诊时，可要求不涉及其医疗的人不能参加；有权要求其病例只能由直接涉及其治疗或监督病例质量的人阅读等。

保护患者隐私是取得患者信任和合作的重要条件，也是对患者权利、尊严和人格的尊重，同时也体现了自身较高的道德修养，这是一项必要的保护性医疗措施。

(五) 监督权

患者享有生命健康权和平等的医疗权,也有权监督自己医疗权利的实现。在患者的医疗权利受到侵犯,生命受到威胁而又被拒绝治疗时,患者有权直接提出疑问,寻求解释或通过社会舆论提出批评,要求有关医疗单位或人员改正错误。对经济费用消耗的了解,也是患者监督权的一部分。

(六) 依法求偿权

若因医疗机构及其工作人员不当行为而造成患者身体损害后果的,患者有权获得赔偿;患者因医疗护理过失而死亡,其家属可请求损害赔偿。

(七) 因病免责权

患者由于所患疾病的影响,而降低或完全丧失承担社会责任和义务的能力,可以视其病情的轻重根据医疗机构的证明,暂时或永久免除一定社会责任同时有权利得到各种福利保障。如精神患者、残疾人免除兵役的权利,残疾人企业免除税费的权利等。

二、义 务

(一) 积极配合医疗护理的义务

积极配合医护人员的诊疗护理工作,不仅是患者应尽的义务,更是患者健康道德的良好体现。在就诊的过程中,为保证患者的健康利益,患者应如实提供病情信息,遵守医嘱要求按时服药,戒除影响健康的不良习惯,配合护士完成治疗护理。对自己、家庭和社会负起责任,患者必须履行积极配合医疗护理的义务。

(二) 遵守医院规章制度的义务

医院的规章制度是维护良好的医疗秩序,保障医疗和护理质量的有力措施。不仅医护人员要遵守,患者及其家属也应遵守。如卫生制度、探视制度、陪护制度、收费制度等。对于与患者就诊有直接关系且需由患者遵守的管理制度,医护人员必须以能为患者所知悉的方式予以公示。如果患者不遵守这些医院制度而造成伤害或给第三人造成伤害,则患者需承担责任。

(三) 支持医学科学发展的义务

医学科学的发展离不开患者的大力支持。医学教育是培养医学新生力量的,而医学教育的临床实践性又非常重要,这难免要带教临床实习生对患者的患病情况和治疗护理情况进行观摩和操练;医学实验是探索医学发展的重要途径,在临床试验阶段,有时需要挑选一些符合实验条件的患者来参加;对不明原因的死亡病例,可能要通过医学解剖来查明原因,这需要得到家属的理解和支持。因此,患者应该在可接受的程度内支持医学新人的培养和医学科学的发展。

(四) 尊重医护人员的人格和劳动的义务

医护人员通过大量艰苦的学习,担负起防病治病、救死扶伤的重大使命。在疾病面前,医护人员要用自己的技术和力量帮助患者驱赶病魔。他们每天接待患者,昼夜不停地轮班护理,工作量大,非常辛苦。为了患者自身的健康,患者和家属也应当尊重医护人员的人格和劳动。

讨论与思考

2006年,赵某被某医院初步诊断为胃底肌瘤,无其他病症。医院三天后对赵某实施胃底肌瘤切除手术。手术结束后,医师告知赵某的家属,患者的脾亦被切除。医师说因为胃底肌瘤与脾紧密联在一起,不易分离,强行分离有可能损伤脾门处的动脉与静脉而致大出血,故不得已切除的脾。患者手术后身体免疫力明显下降,频发感冒、头痛,失去劳动能力。遂向法院状告医院。

1. 医护人员的做法侵犯了患者的什么权利?
2. 医护人员应该怎么做?

(刘万梅)

第6章

社区卫生保健和康复护理道德

> **学习要点**
> 1. 突发公共卫生事件的特点及道德规范
> 2. 预防接种与健康教育道德的概念及道德规范
> 3. 社区保健与家庭病床护理的概念及道德规范
> 4. 自我护理与康复护理道德的概念及道德规范

> **案例分析**
>
> 赵女士带4个月大的儿子去社区卫生服务中心接种"百白破"疫苗,接诊护士小陈向她们推荐了预防百日咳、破伤风、白喉、B型流感嗜血杆菌和脊髓灰质炎等疾病的五联(进口)疫苗。接种后,赵女士被告知该疫苗价格为798元,需要自付费用,赵女士非常生气,与护士发生争执。
>
> 请分析
> 1. 对此案例中护士小陈的行为进行伦理分析,她违背了哪些伦理道德?
> 2. 随着现代医学模式的转变和护理学的不断发展,护理实践范围已从医院逐步扩展到家庭和社区。护理人员不仅要对患者及所患疾病负责,还必须向个人、家庭及社区提供全方位的健康服务。探讨突发公共卫生事件的应急护理、预防接种、健康教育、社区保健、家庭病床、自我护理和康复等方面的护理伦理问题,对于护士做好各项卫生服务工作有着极其重要的意义。

第一节 突发公共卫生事件应急护理道德

一、突发公共卫生事件及护理人员的责任

(一)突发公共卫生事件的含义

突发公共卫生事件是指已经发生或者可能发生的对公众健康造成重大损失的传染病疫情

和不明原因的群体性疫病，涉及人数众多的重大食物中毒和职业中毒事件，以及其他危害公共健康的突发公共事件。例如 2003 年春季在国内大规模暴发的传染性非典型肺炎（SARS）和 2008 年 5 月 12 日发生的汶川地震。

（二）突发公共卫生事件应急护理的特点

1. 社会影响大　突发公共卫生事件影响面广，易造成人们心理上的恐慌。若处置不当，不仅损失扩大，而且容易引发社会问题，对人们的日常生活、工作秩序及社会稳定带来深远的负面影响。如 2003 年"非典"危机就是一场典型的突发公共卫生事件，事件不仅严重威胁广大民众的生命健康，引起了人们的心理恐慌，危机还影响了国家政治、经济、外交等多个领域。

2. 涉及人数多　突发公共卫生事件往往受灾遇难人数众多，涉及面较宽，呈群体性。如 2003 年"非典"危机就经历了从区域性危机、全国性危机直到全球性公共危机的过程。

3. 风险大　突发公共卫生事件的护理工作具有较大的风险性。突发公共卫生事件发生后，医护人员往往是最先进入事故现场的人员之一，由于突发公共卫生事件的不可预测，无论是中毒、疫情、安全事故还是群体性不明原因疾病，医护人员直接的现场接触都是一项危险的工作。

4. 时间紧　公共卫生事件突发时，人们往往毫无防备，往往会出现病情、伤情和疫情严重，伤病人员集中、人数众多的现象。能否及时、准确地开展救治工作，不仅直接影响到患者安危，同时也关系到社会的安定。在突发公共卫生事件的护理工作中，护理人员必须快速做出决策，开展紧急救治。如 2013 年雅安地震，5 支国家紧急医学救援队伍就在震后 1 小时成立完毕，赶赴灾区。

5. 协作性强　处理突发公共卫生事件是一项复杂工作，需要全方位、多部门相互支持与协作。在突发公共卫生事件的应急处理中，护理人员不仅要承担现场救治、现场控制的紧急任务，还要与诸多部门协调合作，最大限度地控制危机，减少损失。

6. 责任重大　在突发公共卫生事件中，医护人员会首先达到现场，他们的判断、决策和处置，往往会对事件发展起到关键作用；同时，突发公共卫生事件时环境严峻、险恶，护理条件艰苦复杂，需要护理人员承担更多责任。因此，护理人员任务艰巨，肩负着重大的法律责任和伦理责任。

（三）护士在处理突发公共卫生事件中的责任

1. 伦理责任　公共卫生事件突发时，公共卫生组织包括卫生行政管理机构和公共医疗机构及护理工作者均应承担起保护公众健康的职责，承担起治病救人的专业责任，这是对医务工作者职业伦理的底线要求。

（1）护理人员应当服从突发事件应急处理指挥部的统一指挥，协同合作，集中力量开展相关科学研究。

（2）护理人员应给突发事件中的致病人员提供相应医疗救护和现场救援，对需要就诊的患者提供接诊治疗，并进行详细、完整的病历记录；对需要转送的患者，按照相关要求及时将患者及其病历记录的复印件转送给接诊人员或指定的医疗机构。

（3）护理人员应积极采取各种有效措施防止交叉感染。按照要求对传染病患者密切接触者采取医学观察措施。对收治的传染病患者及疑似传染病患者依法报告所在地的疾病预防与控制中心，配合疾病预防与控制中心工作人员进行调查，采取控制措施。

（4）护理人员在传染病暴发、流行时，应组织力量，团结协作，群防群治，协助做好疫情信息收集报告、人员隔离及公共卫生措施落实,并及时对居民和村民开展传染病预治等相关知识的宣传。

2. 法律责任 《中华人民共和国传染病防治法》《中华人民共和国食品卫生法》、国务院《突发公共卫生事件应急条例》和卫生部《突发公共卫生事件及传染病疫情监测信息报告管理办法》等法律法规,都对医护人员在应对突发公共卫生事件中的法律责任进行了明确规定,对违反下列规定的给予行政处理或追究法律责任:①未依照规定履行报告职责,隐瞒、缓报或者谎报的;②未依照规定及时采取控制措施的;③未依照规定履行突发事件监测职责的;④拒绝接诊患者的;⑤拒不服从突发事件应急处理指挥部的。

> **重点提示**
>
> 在突发公共卫生事件中,受害人员的医疗救护及现场控制是突发公共事件应急处理的重点。

二、突发公共卫生事件应急护理道德规范

突发公共卫生事件的应急处理是公共卫生、急救医学及急救护理学的特殊领域,在突发公共事件的应急护理中,护理工作人员应遵循以下道德规范。

(一) 救死扶伤,敬业奉献

突发公共卫生事件应急护理工作中,护理人员处在危险和艰苦的工作环境中,面对威胁身体健康及生命安全的危险,要求护理人员要有高度的责任心和自我牺牲精神,时刻铭记肩负救死扶伤的神圣使命,始终把救护群众生命安危放在首位。

(二) 保护生命,科学严谨

突发公共卫生事件现场,短时间会出现大批伤病人员,在紧急救护工作中不仅要求护理人员技术精湛,而且要求头脑机警、动作敏捷、临危不乱。护理人员要坚持实事求是,以严谨科学的态度对待疫情,采取有效预防措施,合理处置并做出预测。在保护患者的同时做好自我防护,避免出现因工作而导致的自身安全问题。

(三) 以人为本,协调兼顾

护理人员为了保全社会大众的健康,防止突发事件扩大,往往需要放弃或者牺牲自己部分利益。护理人员即使在自身安全受到威胁、个人利益受到侵害时也不能忘记自己所肩负的救死扶伤神圣使命,始终把广大人民群众的生命放在首位,坚持以人为本,弘扬社会主义的人道精神,敢于负责任、敢于牺牲。

(四) 密切合作,共同应对

公共卫生突发事件的应急处理工作,是一项需要各相关部门共同参与的社会工程,他要求各部门间要相互支持,互相协调,共同合作。各级护理工作者要有高度的责任心和使命感,与其他专业人员密切合作、团结一心、共同应对,以严谨科学的态度把握整个救治过程的每个环节,任何推诿、敷衍的做法都是不道德的行为。

第二节 预防接种和健康教育道德

预防接种是为了提高人群免疫水平、抵抗疾病而采取的有效措施。健康教育是有计划、有组织、有系统、有评价的健康知识的传播和教育活动。在开展预防接种和健康教育工作中,护理人员要遵守相应的道德规范。

一、预防接种及其护理道德规范

(一)预防接种的含义

预防接种是预防传染病的有效途径。是指用人工方法将生物制剂接种到人体,使人体产生对抗相应细菌或病毒的抵抗力,以达到提高人体免疫水平,预防和控制传染病发生、流行的目的。

(二)预防接种的护理道德规范

1. **满腔热忱,认真负责** 正确的预防接种,是预防传染病的有效途径,其目的是防患于未然。但预防接种存在效果缓慢,短期不易察觉的特点,所以人群往往对其认识不够,无迫切要求。因此,护理人员在预防接种工作中应加强宣传、耐心劝导、帮助人群了解预防接种的重要性。

2. **科学严谨,实事求是** 在预防接种工作中,护理人员必须具有科学严谨的态度和实事求是的精神,根据传染病的特点,正确选择接种对象,按照相关规定进行接种。护理人员不可因经济利益而鼓励不需要接种的人进行接种,更不能采取诱导或强迫等手段引导接种对象选择高价疫苗。

3. **服从大局,团结协作** 预防接种工作需护理人员本着高度负责的职业精神,对社会负责,对接种对象负责,与相关医务人员、社区工作人员积极配合,通力协作,确保良好的接种效果。

二、健康教育及其护理道德规范

(一)健康教育的含义

健康教育是指有计划、有组织的传播系统卫生保健知识和技术的教育活动,促使人们自愿采用有利于健康的行为,消除或降低危险因素,降低发病率、伤残率和病死率,以增强自我保健能力,提高生活质量。

健康教育的核心是教育人们树立健康意识,促使人们改变不健康的行为方式,养成良好的行为生活方式,以降低或消除健康的危险因素。通过健康教育,能帮助人们了解哪些行为是影响健康的,并能自觉地选择有益于健康的生活方式。

(二)健康教育的护理道德规范

1. **人人参与,履行健康责任** 护理工作者必须坚持预防为主的方针,树立"大卫生观",以人的健康为己任,把促进人的健康发展作为自己的道德责任和目标。面向社会正确宣传健康生活知识,倡导健康行为,树立健康理念,尊重和满足人类社会共同健康利益。

2. **尊重科学,完善知识结构** 健康教育是一项长期的、持续的系统工程。健康教育的内容必须科学严谨、实事求是。护理工作者必须不断提高自身的素质和能力,通过持续学习、继续教育等形式扩展自己的专业能力。通过科学的观点,运用新理论和新知识解释客观现象。

3. 以人为本,尊重服务对象　健康是每个公民的基本权利。护理工作者要坚持树立以人为本的理念,尊重所有的服务对象。护理工作者要通过宣传教育,引导服务对象树立正确的卫生观念,尊重服务对象的选择,在工作时要考虑传统、社会、心理、宗教和文化差异等多种因素对其日常生活产生的影响,避免简单、粗暴地干预。

4. 服务基层,普及健康知识　随着社会经济的发展,我国基层医疗卫生水平有较大的提高,但农民和部分城市居民卫生知识还相对落后。所以广大护理工作者要适应我国医疗卫生体制改革的要求,深入到农村与基层,宣传普及卫生保健知识,促进人们逐渐养成良好的生活方式和行为习惯。

> **重点提示**
>
> 健康教育的核心是引导、教育人们树立健康意识,培养良好的行为习惯和健康的活动方式,保护和促进个体和群体健康。

第三节　社区保健和家庭病床护理道德

社区保健是城市公共卫生和基本医疗服务体系的基础,是社区卫生服务的重要组成部分,服务人群包括社区内所有个体、家庭及团体。通过开展家庭护理、妇幼保健、康复指导、老年人保健、患者及健康人的营养指导、健康教育及心理咨询等活动,切实提升社区整体健康水平。

一、社区保健及其护理道德规范

(一)社区保健的含义

社区保健是为了预防疾病,恢复、维护和增进健康,或最大限度地减少疾病和伤残对人群健康的影响而在社区实施的综合性卫生保健服务,主要内容是初级卫生保健。

社区保健工作遵循以需求为导向,以社区为基础,以家庭为单位,以居民为对象,以残疾人、妇女、儿童及老年人为重点,开展医疗、保健、预防、康复、健康教育、计划生育技术指导"六位"一体的基本卫生服务。社区保健是一项集卫生、医疗、预防及康复四位一体的综合性卫生保健。社区保健具有:群众性、全程性、预防性、经济性四个特点。

(二)社区保健及其护理道德规范

1. 文明守礼,一视同仁　由于社区居民的文化道德水平及对卫生保健工作的认识存在较大差异,在社区开展卫生服务工作时,护理人员必须具备较高的思想道德水平,对服务对象做到文明守礼,一视同仁,热情主动提供服务。

2. 任劳任怨,脚踏实地　社区保健工作以预防为主,短期难以显现效果,易造成社区护理人员工作不被理解,甚至不配合的情况。因此,要求社区护理人员不求名利、脚踏实地、任劳任怨做好每一项工作,保证社区人群的身心健康。

3. 刻苦钻研,不断提高　社区卫生保健是一项综合性卫生服务工作,服务对象既包括健康人,也包括患者,服务需求各不相同,要求护理人员为不同人群提供相应的保健服务。社区护理人员必须通过学习不断提高,在掌握社区医疗专业知识的同时,也应具备社会科学知识和交叉学科知识。

4. 严于律己,杜绝差错　社区保健服务中,社区护理人员要用认真严谨的科学态度遵守各项规章制度和操作规程,杜绝差错事故的发生。

> **重点提示**
>
> 根据我国卫生实际状况,社区卫生保健主要开展健康教育、疾病预防、妇幼保健、治病防残四方面工作。

二、家庭病床护理及其道德规范

(一)家庭病床的含义

家庭病床是医疗单位对适合在家庭条件下进行检查、治疗和护理的患者在其家庭就地建立的病床,让患者在熟悉的环境中接受医疗和护理,既有利于促进患者的康复,又可减轻家庭经济负担和人力负担,是我国家庭护理的主要服务形式。

家庭病床融预防、保健、医疗、康复四位于一体,立足于社区和家庭,综合了医学、护理学、社会学和行为科学的成果。

(二)家庭病床护理及其道德规范

1. 尊重患者,平等待人　护理人员在家庭护理工作中要尊重患者的价值观、精神信仰及风俗习惯。护理工作中,面对的患者在职业、经济条件、社会地位、风俗习惯、居住条件、文化程度包括民族、信仰等方面都存在较大差异,要求护理人员做到尊重患者,平等待人。

2. 加强学习,提升能力　家庭病床护理工作内容广泛,患者情况复杂,要求护理人员具备相关专业知识的同时,还应具备心理学、社会学、预防医学等多学科知识。护士在护理实践中要遵循不同年龄阶段患者在各种疾病中的临床特点,在家庭病床护理工作中及时采取有效的护理措施。

3. 信守承诺,严格自律　家庭病床的患者管理分散,护士往往在没有监督情况下进行单独上门护理服务,要求护理人员工作中充分体现患者至上原则,切实以患者为中心,严格执行护理计划。上门护理服务时信守承诺,遵守时间,严格自律,不可因个人原因随意延误治疗和护理时间。

4. 谨言慎行,遵章守纪　护理人员在开展护理工作时,应严格遵守各项规章制度和操作规程。对患者家庭进行护理时,所了解的患者家庭情况、经济情况及患者、家属隐私等都应严格遵守保密制度。对患者、家属提出的问题,进行解释答复时要简明扼要、通俗易懂、切忌不懂装懂,给患者带来不必要的伤害。

5. 团结协作,加强沟通　因家庭病床的患者通常涉及多种疾病,且病情多变,需要护理人员与多个科室共同协作。与相关医务人员密切合作的同时,也要加强与患者及其家属的沟通,建立相互信任、相互理解、相互支持、规范有序的医疗护理程序。

> **重点提示**
>
> 家庭病床主要的收治对象为年老体弱、行动不便、去医院连续就医有困难的患者。家庭病床的建立是社会医疗卫生发展的新型医疗护理形式。

第四节 自我护理和康复护理道德

自我护理是护理学的新理论,除了适用于伤残者外,还包括普通患者和健康人,是护理道德深化与发展的重要内容。要求护理人员不仅在人们患病时帮助其减轻病痛、恢复健康,而且还要帮助健康人增强体质、预防疾病。康复护理的主要对象是伤残者,是指由于身体的结构或功能不同程度的丧失及损伤,造成的生理上或心理上有缺陷患者。以上两者间既有联系,又存在差别。自我护理中和康复护理中,护理人员都承担重要职责,应以相应道德规范约束自己。

一、自我护理及其道德规范

(一)自我护理的含义

自我护理又称自理或自顾,由美国人奥瑞姆最早提出,将自我护理定义为"人类个体为了自身生存、健康及安适所进行的护理活动。"奥瑞姆认为,护理的目的就是帮助患者进行自我护理,从而增进健康,促进疾病的痊愈,或者安然逝去。自我护理是个人为了维护生命、健康和完好而需要自己进行的护理活动。

自我护理有以下四个特点:教育性、主体性、渐进性、协作性。

(二)自我护理及其道德规范

1. 认真负责,谨防差错 护理人员要引导护理对象做好自我护理,需要护理工作者以高度负责的态度,认真履行职责。如:将自我护理要求通过不断示教,督促练习等方式传授给护理对象,使其真正掌握;熟悉了解护理对象的情况,做好护理对象引导工作。

2. 耐心指导,一视同仁 在开展自我护理工作中,护理对象往往身体状况不好、心理敏感、情绪波动较大。因此,要求护理人员必须尊重其人格尊严,调动其自我能动性,在引导护理对象向自我护理转化的过程中,做到耐心指导、一视同仁。

3. 因人而异,合理安排 护理人员要遵循个体化原则,通过全面掌握护理对象生理、心理、社会等情况,做出正确判断。在自我护理诊断、方案执行等方面,要做到因人而异,区别对待,合理安排。以严谨的态度帮助护理对象,以期达到自我护理的满意效果。

4. 多方支持,密切协作 自我护理工作不是一个人所能完成的独立工作,在与护理对象密切配合同时,也需与其家属、相关人员相互协作,通过指导和帮助不断提升护理对象的自我护理质量。

二、康复护理及其道德规范

(一)康复护理的含义

康复护理是在总体康复医疗计划下,围绕全面康复的目标,通过护理人员与康复医师及有关专业人员密切配合,帮助伤残者、慢性病伴有功能障碍者达到功能恢复或减轻伤残,预防继发伤残为目的的护理活动。

康复护理具有以下三个特点:协调性、连续性、整体性。

(二)康复护理的道德规范

1. 尊重患者,态度诚恳　康复患者致病原因一般包括两个方面:意外事故致残或先天性残疾。后天伤残往往是遭受意外或严重挫折造成的伤害,伤残者出现焦虑、抑郁、恐惧等不良情绪,甚至丧失生活的信心和勇气。因此,护理工作者在康复治疗过程中应以文明的语言、诚挚的态度对待伤者,增强患者面对生活的信心和勇气,达到最大限度康复。

2. 认真负责,耐心引导　康复患者往往在穿衣、洗漱、吃饭、排便、阅读等日常生活小事上都会感觉困难,不能完全自理,护理人员要理解患者,帮助其解决实际生活中的困难。根据伤残情况进行生活能力训练,训练中要认真负责,耐心引导,增强患者康复的信心,共同促进康复护理顺利进行。

3. 科学严谨,精益求精　康复患者往往生活自理较困难,有过住院时间长,效果慢的经历,比一般患者护理难度更大,需要护理人员做到细心观察病情,耐心说服引导,尽职尽责地对待康复患者。帮助康复患者进行康复训练时,要细心周到,循序渐进,做到恢复一项巩固一项,不可因操之过急而产生不良情绪,影响伤残者康复治疗的信心,或因失误而使伤残加重或出现新的伤残。

> **重点提示**
>
> 正常人能够做到主动护理自己,婴儿、儿童、老年人、患者及伤残者需要补偿护理。

讨论与思考

某社区白女士,妊娠10周,到社区服务中心咨询怀孕期间注意事项,社区中心护士小杨热情接待了白女士,并认真将应注意事项进行提示,并向白女士推荐了自己代理的某品牌钙片及蛋白粉等产品,并向白女士强调怀孕期间补充此类产品对胎儿的各种好处。请问护士小杨的做法正确吗?为什么?

(章　颖)

第 7 章

临床护理道德

学习要点
1. 基础护理的道德规范
2. 整体护理的含义及道德规范
3. 心理护理对护理人员素质的要求
4. 门诊、急救护理道德规范
5. 手术护理道德及特殊患者的护理道德规范

案例分析

1. 一名脑出血患者急诊开颅手术后送至重症监护室,夜班护理人员刘某夜间巡查时发现患者烦躁、意识不清,呼吸急促达 32 次/分,脉搏快而弱,血压降至 60/40mmHg,双侧瞳孔不等大。她判断患者有颅内出血的可能,迅速向值班医师报告,并紧急做好手术的准备。术后证实患者再次出现脑动脉破裂出血,由于发现及时,医护密切配合,手术成功,患者得救。

2. 在某医院妇产科张女士准备做人工流产手术,进入检查室后,按护理人员要求脱下衣服,躺在检查床上。这时,护理人员带领一群穿白大褂的男女青年推门而入,令患者非常尴尬。接着护理人员指着患者的身体,向实习护理人员介绍各个部位的名称特征,期间有的实习护理人员还发出议论声和笑声,患者只能把脸扭向一边忍受,直到检查结束。事后张女士向医院投诉,并以侵犯其人格尊严向人民法院提起诉讼。

请分析
1. 对案例 1 中护理人员刘某的行为做出护理伦理分析。
2. 案例 2 中患者的反应为何如此激烈?试从伦理角度分析值班护理人员的行为。

第一节 基础护理道德

基础护理是临床各专科护理的基础,包括生活护理、病情观察、满足患者治疗需求的护理技术操作等,做好基础护理工作有利于提高护理质量,实现护理目标,体现对患者生命价值和权利的尊重。因此,在基础护理工作中,护理人员一定要遵守基本的临床护理道德规范。

一、基础护理的含义、特点和伦理意义

(一)含义

基础护理是护理人员运用护理学的基本知识和基本技能,以患者为中心,满足患者基本需要的一系列护理活动。包括生活护理、病情观察、满足患者治疗需求的护理技术操作等。

(二)特点

1. **经常性与周期性** 基础护理的各项工作大多带有经常性和周期性的特点。晨晚间护理,生命体征测量,用药护理及其他护理治疗的执行、物品的消毒与灭菌,标本的留取与送检等,都要按一定周期完成,使患者身心维持在接受治疗护理的最佳状态。

2. **连续性与服务性** 基础护理需要24小时连续进行,通过口头交班、危重患者床头交班等形式,达到"换班不换岗,岗位不离人"的目的。护理人员经过持续观察,掌握患者病情和心理动态,对患者进行及时和有针对性的护理,并向医师提供调整诊治计划的信息。基础护理工作内容多、任务重、范围广,所以护理人员应树立全心全意为患者服务的意识。

3. **整体性与协调性** 病房是各临床科室医疗工作者的基本场所,病房的日常行政、事务管理及护理技术管理主要由各级护理人员负责。基础护理在为患者提供医疗、休养环境的同时,还要为基本的诊断、治疗提供必要的物质条件和技术性协助。护理人员要与医院各部门协调配合,形成为患者健康服务的整体,提高医疗护理质量。

4. **科学性与普及性** 基础护理是以科学理论为依据的一项专业性、实践性很强的工作。护理人员运用专业知识,掌握疾病发展过程中患者的生理、心理变化,制订合理的护理计划,采取相应的护理措施,促进患者康复。此外,护理人员还应利用与患者、家属接触的机会,宣传普及卫生保健知识,提高自我护理能力,巩固治疗效果。

(三)意义

1. **体现护理人员崇高的道德责任感** 做好基础护理工作有利于提高护理质量,实现护理目标,体现对患者生命价值和权利的尊重,体现了医院的管理水平和为患者服务的能力。护理人员科学、精确、连贯地完成各项护理工作,使患者拥有一个良好的生活空间、一份对疾病的豁达坦然、一个充满希望的心愿等,确保患者身心状态维持在接受治疗的最佳状态。通过全心全意为患者服务的愿望和行为,体现护理人员崇高的道德责任感。

2. **体现护理人员真诚的职业信念** 护理事业是一项平凡而崇高的事业,护理人员肩负着增进健康,预防疾病,恢复健康和减轻痛苦的基本任务。基础护理工作具体、繁杂,体现了护理人员对患者的爱心,对生命的敬重,对事业的忠诚。

二、基础护理的道德规范

基础护理道德规范是指护理人员在护理道德原则指导下进行基础护理的行为准则。

(一)忠诚本职,敬业爱业

护理事业是一项平凡而崇高的事业,作为护理人员应充分认识护理工作的性质、意义和特点,担负起自己的神圣使命,热爱本职工作、忠于护理事业,为提高基础护理的技术和理论水平不懈努力。

(二)工作负责,认真细致

基础护理工作操作性强,每个环节都要周密谨慎,任何疏忽和处理不当,都可能带来患者的痛苦、伤害甚至死亡。需要护理人员高度负责、严格查对,从细微处发现患者病情和情绪变化,及时处理从而避免医疗护理事故的发生。

(三)审慎勤勉,操作规范

护理人员在执行基础护理的各项技术操作中,必须严格遵守操作规程,做到"三查七对"。一切草率从事,不遵守操作规程的行为,都是缺乏道德责任的表现,也是导致护理事故的直接根源。所以,应在基础护理操作中认真规范、一丝不苟。

(四)密切团结,互助协作

基础护理在为患者提供医疗、休养环境的同时,还要为基本诊断、医疗工作提供必要的物质条件和技术性协助。因此,护理人员应具有团结协作的意识,主动与其他医务人员沟通协调、密切配合,做好基础护理工作,共同完成护理任务、促进患者康复。

第二节 整体护理道德

现代护理从单纯的重视患者的生活和疾病的护理研究和操作发展到全面重视患者生物、心理、社会方面对人的健康影响的整体护理研究与操作。整体护理对护理人员道德提出了更高的要求。

一、整体护理的含义、特点和意义

(一)含义

随着医学模式由生物医学模式转变为生物-心理-社会医学模式,护理模式也转变为系统化整体护理模式。整体护理是指以现代护理观为指导,以护理程序为核心,将临床护理与护理管理的各个环节系统化的过程,它以改变护理观念、提高护理质量为宗旨,以患者获得良好的身心护理、促进病情康复为最终目的,是在责任制护理的基础上发展起来的一种具有科学性、先进性、可行性的护理工作模式。整体护理强调:①人的整体性;②护理的整体性;③护理专业的整体性。

(二)特点

1. 整体性 整体护理以人的健康为中心,改变了过去对患者只做单纯的疾病护理,只看到病而忽视人的整体性,强调患者首先是个人,其次是个患病的人。要求护理人员在工作中,要做到以患者的健康为中心,实施从身、心、社会等方面来满足患者全面需求。

2. 基础性 整体护理以护理程序为基础。护理程序是护理人员为服务对象提供护理服务时的一种有计划、系统而科学的护理工作方法。整体护理是以护理程序为框架提出来的,是护理程序在实践过程中的应用。

3. 目标性 整体护理以为服务对象解决健康问题为目标。护理人员应改变思维方式,运用科学方法和已有知识、综合能力,对患者进行系统的评估、诊断、计划、评价,不再只是被动执行医嘱,而应该主动、积极解决患者的健康问题。

(三)意义

1. 改变研究方向,促进模式转变 整体护理强调患者是生理、心理、社会、文化、精神的综合体,护理人员要满足患者各方面的需求,为患者提供优质护理服务。

2. 推动观念转变,增加教育课程　整体护理观念提出护理人员不仅是患者生活的照料者,而是拥有护理者、决策者、管理者、计划者、咨询者、代言人等多重角色。因此,要求学校护理教育要增加相应的护理社会学、护理心理学、护理人际沟通学、护理礼仪、护理美学、护理职业道德与法律学等课程。

3. 改变管理模式,和谐护患关系　整体护理是当前较先进的护理模式,以护理程序为基础,"以人的健康为中心",有完善的护理管理流程和护理结果评价标准,使管理更加的科学化、程序化、法制化,同时也有助于改善护患关系。

4. 强化职业使命,满足患者需求　整体护理以护理程序为基础,科学地为患者解决多方面问题。护理工作内容不再是单纯、被动执行医嘱,而是对患者实施身心、社会等全方位护理。改变了护理和护理人员被动工作局面,调动了其积极性,促使其不断主动学习和提高综合素质,从而对患者状况把握更准确,护理方案制订更合理,更有利于满足患者多方面需求,促进患者康复。

二、整体护理道德规范

整体护理道德是护理人员在实施整体护理过程中,调整个人与他人、与社会之间关系的行为准则和规范的总和。

1. 以人的健康为中心　以人的健康为中心是我国"救死扶伤,防病治病,实行社会主义人道主义,全心全意为人民服务"护理道德基本原则的体现;是护理人员道德品质的要求;是整体护理道德最基本的规范。

2. 主动转变专业角色　整体护理作为一种新型护理模式,使护理工作范围外延扩展、内涵加深。现代护理人员专业角色由传统的保姆式生活护理、简单执行医嘱,单一照顾的角色向复合型角色转变,以满足患者全面的健康需求。

3. 加强自身道德修养　护理人员的知识技能代表其"硬件"水平,道德修养代表其"软件"水平。护理人员需要将良好的护理道德与扎实的理论实践知识相结合,帮助患者减轻痛苦,缓解压力,增强信心,促进康复。

4. 独立思考分析问题　整体护理确定了护理专业的价值观和专业信仰,提供了解决人健康问题的工作方法,促使了护理专业走向独立。要求护理人员以高度的道德责任感,开动脑筋、独立思考,主动面对问题、解决问题。

第三节　心理护理道德

一、心理护理的含义、特点和意义

(一)含义

心理护理是护理人员通过自己的言语、行为、态度、表情和姿势等改变患者不良的心理状态和行为,使之有利于疾病的转归和健康的恢复。

(二)特点

心理护理的特点是全面满足患者的心理需要。

1. 希望有安全感　患者对自己病情、治疗方案、护理安排、病情发展、预后等情况的不确定性会产生不安全感。护理人员应主动耐心给患者提供必要的信息并做说明和解释,消除其顾虑。

2. 希望被尊重　希望被尊敬和重视,是每位患者的心愿。护理人员通过热情的态度,鼓励的言语,隐私的保护等有效心理干预,使患者感到被尊重与重视,对自己有信心,心境处于最佳状态。

3. 希望被理解　理解和满足患者的一切合理要求,与患者建立融洽的护患关系是整体护理的要求。患者在就医期间,希望与医护人员、病友建立友好和谐的人际关系,得到亲人、朋友的理解与关怀,从而产生归属感,以最佳的心态接受治疗和护理。

4. 希望氛围宽松舒适　患者来医院就医,面对新的环境和疾病困扰,会产生不适感和无助感。护理人员应保持病房清洁卫生、空气清新、安静温馨、提供必要书刊,安排适当活动,营造融洽气氛,使患者在宽松舒适的氛围中,树立战胜疾病的信心。

(三) 意义

1. 针对病情变化实施心理护理,有利于影响患者的感受和认识,改变患者的心理状态与行为,树立战胜疾病的信心。

2. 通过实施心理护理,促进良好护患关系建立,进一步激发患者战胜疾病的乐观情绪,增强对疾病的抵抗力。

3. 心理护理概念的提出和实践应用,促进了生物-心理-社会医学模式和整体护理模式的建立。

二、心理护理对护理人员素质的要求

(一) 护理人员的情感

护理人员的情感对于患者有直接的感染作用,特别是对暗示性比较敏感的患者,这种感染作用更为突出。所以,良好的情感品质是进行心理护理所必须具备的。

1. 同情心　护理人员应以真诚的同情心对待患者,在各项护理中要想到患者的心理需求,体会患者的感受,减轻患者的痛苦,不发生感染和差错事故,把解除患者的痛苦当作不可推卸的责任。真诚地爱护患者,无微不至地关怀患者,满腔热情地服务患者。

2. 热情和耐心　护理人员要热情对待患者,主动帮助患者解决各种困难和问题。与患者接触时保持愉快的情绪,用自己的开朗、乐观来影响患者的情绪,鼓起患者战胜疾病的勇气。

3. 善于控制情绪　护理人员的情绪对心理护理有着重要的意义。热情、愉快、饱满的情绪,不但可以提高护理工作质量,而且能够感染患者,增强战胜疾病的信心。反之,如果护理人员表现出抑郁、消沉等负面情绪,容易使患者心情不快,增加心理负担。

(二) 护理人员的能力

1. 敏锐的观察能力　观察力是指对患者病情变化和心理活动情况的观察能力。护理人员要善于从患者的表情、言语和行为等方面,了解他们的性格、爱好、习惯,了解心理需求,发现内心活动及病情变化的预兆等。结合专业知识,以丰富而有预见性的想象力,预测这些现象的发展动向,给予针对性的、有效的躯体护理和心理护理,达到较好的、预期护理效果。

2. 良好的思维能力　良好的思维能力和正确的判断力是护理人员不可缺少的心理品质。在护理工作中,护理人员不可能直接观察到患者的全部心理活动,但可以通过某些现象和凭借对人体正常情况的认识,进行推理判断来了解患者的心理变化。因此,护理人员要善于全面考虑患者心理因素与疾病的关系、生活情况与周围环境的关系、疾病发展过程中不同阶段的变化等。

3. 较强的记忆力　护理工作内容繁多复杂,接触范围广泛,每个患者又有不同的治疗方案和需要。护理人员只有经常到患者中去,深入接触患者,才能加深对患者的印象和记忆,及早发现问题,避免发生张冠李戴的错误。所以,为了能更好地完成各项护理任务,防止发生差错,护理人员必须培养准确快速的记忆能力。

4. 较好的语言能力　中肯的话语、和蔼的语调、清晰的语音,伴有良好的体态语言(手势、表情等),对患者来说犹如一剂良药。所以,护理人员要善于运用语言,做好心理护理,要有与人为善、尊重他人,选择对方易于接受的方式、方法与内容,帮助者稳定情绪,树立信心,变消极状态为积极状态,主动配合治疗。

5. 熟练的技术操作能力和组织工作能力　熟练的技术操作能力可以提高治疗效率,减轻患者的痛苦,而熟练的技术操作能力需要多方面的组织能力来配合。护理人员要善于根据患者的特点来制订护理计划,根据患者的具体情况来规划自己的行动,组织医务人员、患者及其家属,使病房成为一个良好、和谐的集体,使各项工作有条不紊地、保质保量地完成。

(三) 护理人员的性格与气质

1. 正直正派　在护理实践中,护理人员不应以患者的职业、地位、经济收入、外表长相等的差异而持不同的态度,要坚持平等待人、处事公正,取得患者的信赖。

2. 冷静果断　护理人员应该具有冷静的头脑和果断处理事情的能力。在遇到抢救危重或急症患者等特殊情况时,能够迅速果断,有条不紊地组织抢救。护理人员的冷静、果断可以稳定患者及其家属的情绪,使他们很好地配合抢救工作,以达到预期的效果。

3. 精力充沛　护理工作范围广泛、内容复杂、要求严格,所以,护理人员工作时必须精力充沛,注意力高度集中,才能做到精益求精,取得良好护理效果。

> **重点提示**
>
> 心理护理对护理人员在情感、能力、气质等方面的要求是护理人员素质培养的重点。

三、心理护理的道德规范

护理人员做好心理护理,不仅要加强护理人员自身素质的培养与锻炼,还必须遵循以下心理护理道德规范:

(一) 以高度责任心把握患者心理问题

从健康人到患者的角色改变,使患者不同程度出现角色适应不良,这是住院患者常见的心理问题。面对因伤病而产生心理困惑的患者,护理人员应有高度责任心,及时了解、准确掌握患者心理问题,有针对性地帮助患者排忧解难。

(二) 以高度的同理心满足患者心理需要

患者由于年龄、性别、病情、病程、个体反应等方面情况不同,其心理状态和心理需求也会不同。护理人员应根据患者的具体情况,开展个体化心理护理。有针对性地观察、了解患者的病情、家庭、社会状态和心理活动,尽可能满足每位患者的个性化的心理需求。

(三) 努力营造患者康复的环境

病房和病区是患者住院期间治疗和生活的主要场所,病房的卫生、色调、空气、环境和秩序等,对患者的疗效和康复有着直接影响。护理人员应以高度的事业心、责任感和爱心为患者营造一个良好的病房环境,以利于心理护理的实施和患者的治疗与康复。

1. **保持病房和病区环境的有序、清洁和安静** 良好的环境有利于患者良好心境的建立,护理人员要做好病区与病房管理工作,保持环境的有序、清洁和安静。做各项护理操作时,动作要轻柔,做到敬、静、净。

2. **保持病房的空气清新,温度和湿度适宜** 要经常开窗通风或利用病房配置,保持病房的空气清新自然、温度适宜,满足患者康复需要。

3. **注意病房的美化,为患者营造愉悦的环境** 要美化病房,创造赏心悦目的环境,让患者产生快乐的情绪,增强抵抗疾病的信心和能力。

(四) 科学严守患者的秘密和隐私

患者信任护理人员,就会把困扰自己的心理问题包括秘密和隐私倾诉出来。护理人员可以针对困惑和问题及时进行心理干预,采取恰当措施,帮助解除问题,取得最佳医疗效果。护理人员要尊重患者的人格和尊严,维护患者的权利,科学严守患者的秘密和隐私,一是为患者保密,二是对患者保密。若发现患者有自伤或者伤人倾向等特殊情况时,要转告患者的家属或他人,对患者和他人负责。出现不良的诊断、进展、预后及治疗过程中的问题等要采取保护性护理。

第四节 特定部门和治疗过程中的护理道德

临床护理工作是医院的重要环节,是护理工作的主要组成部分。临床护理工作质量和水平关系到患者的健康与生命。因此,护理人员必须提高护理道德修养、遵守护理道德准则,以高度责任感做好临床护理工作。

一、门诊、急诊的护理道德

门、急诊是医院面向社会的窗口,医疗服务质量直接关系到患者的准确诊断、后续治疗等健康利益;手术治疗作为外科治疗疾病的主要手段,具有诊断直观、疗效迅速、风险大、协作性强等特点,体现了医院的医疗护理技术和管理水平。因此,护理人员应以高度的责任心和事业心,良好的职业态度爱岗敬业,做好门、急诊和手术护理工作。

(一) 门诊护理的特点及其道德规范

1. 门诊护理的特点

(1) 组织管理性强:门诊是各类患者较为集中的地方,人多、嘈杂,候诊患者往往心情急躁,情绪不稳,护理人员要善于组织,加强管理,耐心解答,引导准确,认真做好患者的分诊、检诊和巡诊工作。

(2) 预防卫生难度大:门诊患者,病种繁杂,病情各异,尤其是患传染病的患者混杂其中,极易传染疾病。因此,护理人员要严格分诊,密切配合医师做好疾病的预防及卫生监督控制工作。

(3)沟通协作性强:门诊护理工作涉及挂号、接诊、分诊、候诊、治疗、护理等。护理人员要以较强的沟通协作能力,组织患者有序就诊,主动与患者交流沟通,处理好护患关系,提供周到细致的服务,并配合医师协调各科室、各专业人员做好会诊工作。

(4)护患矛盾突出:门诊患者多,流量大,问询多,患者等候看病易烦躁焦虑。而医院的规则明确,护理人员的门诊工作量大,患者可能会不理解,易导致护患矛盾。护理人员要有职业素养,理解患者,耐心细致地做好患者的心理疏导,善于处理护患矛盾冲突。

2. 门诊护理的道德规范

(1)忠于职守,救死扶伤:门诊患者病种繁多、病情各异,护理人员要坚持"救死扶伤,全心全意为人民身心健康服务"的护理道德原则,培养高尚的道德品质和良好的职业道德,做到忠于职守、尽职尽责。

(2)热情服务,高度负责:门诊患者面对拥挤嘈杂的环境,更希望得到服务和帮助。护理人员要设身处地体察患者;热情、亲切地接待患者;主动协助患者就诊;耐心介绍有关情况,方便患者就诊,促进患者康复。

(3)技术娴熟,严谨求实:门诊就诊存在人数多、就诊时间集中的特点,易出现差错。护理人员应具备扎实的理论知识,娴熟的操作技能,严谨的工作态度。分诊及时准确、预检准确无误、操作规范准确,做到审慎、准确、一丝不苟。

(4)团结协作,优质服务:门诊护理是一个系统工程,要求医护、各科室之间密切配合、团结协作,合理安排就诊流程、提高就诊效率,为患者营造温馨舒适、便捷高效的门诊就诊环境,提供优质医疗护理服务。

(5)优化环境,健康教育:创造并保持优美安静环境,使患者产生舒适、愉快的心理效应,有利于提高诊治效果。护理人员应协助做好规划、绿化、美化工作。利用患者在门诊就诊、候诊、就诊后的机会,通过各种途径和手段对患者及陪同人员进行相应病情的健康教育,帮助患者配合诊治、提高疗效、早日康复。

(二)急诊护理的特点及其道德规范

1. 急诊护理的特点

(1)应急性:急诊患者发病急骤、时间性强,所以一切工作突出一个"急"字,要分秒必争、迅速处理。急诊科护理人员应时刻保持良好的工作状态,随时投入高速度、高效率的工作。

(2)高强度性:急诊患者病情变化快,就诊时间、人数、病种及危重程度均很难预料,因此随机性大、可控性小。尤其遇有交通事故、集体急性中毒、传染病流行等突发事件,患者常集中就诊。所以急诊工作十分繁忙,要做到紧张而有秩序。

(3)多学科性:急诊患者病种复杂,疾病谱广,几乎涉及临床各科,需要多科室、多部门人员协作诊疗。因此急诊科护理人员要发挥高效的指挥、组织和协调作用。

(4)易感染性:急诊患者因无选择性,常有传染患者,易造成交叉感染。因此,护理人员要特别注意无菌操作和严格执行消毒隔离制度。

(5)复杂性:急诊科涉及服毒自杀、车祸、打架斗殴等暴力事件较多。因此,患者及陪护人员情绪激动,自控能力差。护理人员要遵守医疗法规,履行法律义务,避免护患冲突发生。

2. 急诊护理的道德规范 急诊是医院救治紧急、危重患者的重要场所。医护人员要以最快的速度,最有效的措施,维持生命、缓解病情,为进一步治疗争取时间。要求护理人员要遵守相应医德规范,按照抢救流程对患者实施抢救。

(1)树立高度责任感:急诊护理人员要自觉地意识到自己对患者、对社会所负的责任,本着"以人为本"的护理宗旨,对患者的生命安全竭尽全力,在整个救治和护理过程的每一个环节,都要将高度的责任感贯穿其中,绝不应出现推诿患者、敷衍塞责。

(2)强调时间观念:赢得时间就是保护生命,拖延了时间就可能导致严重后果。因此,急诊护理人员应平时做好思想、业务、器材、药品、呼叫和应召组织系统等方面的准备,急患者所急,尽量缩短从接诊到抢救的时间。

(3)树立急救意识:护理人员在急诊护理过程中应细心观察,及时发现患者的危险征兆,做出敏捷反应,采取应变行动。对待急诊患者慢条斯理、没有急救意识是缺乏急诊护理道德的表现。

(4)加强协调组织:急诊护理人员要从维护患者的利益出发,发挥积极主动的精神,主动组织协调,调集各方力量,协调各科室部门工作,使急诊工作处于最佳状态。

(三)危重患者抢救护理的特点及其道德规范

1. 危重患者抢救护理特点 危重患者病情严重,生命危在旦夕,抢救治疗非常重要。如果抢救及时、治疗措施得当,患者可能转危为安,治愈康复;如果拖延抢救,延误治疗,后果不堪设想。危重患者的抢救护理有以下特点。

(1)护理难度大:危重患者病情重,往往神志不清,生活不能自理,亲属紧张痛苦、慌乱不安,病情需要24小时监测观察,医护人员要随时投入抢救,而患者及亲属还需要安慰、指导、心理疏导。因此,护理工作量大、难度大。

(2)护理水平要求高:危重患者病情复杂。护理人员应该具有全科的护理知识、较高的技术水平、丰富的临床护理经验,始终把患者的利益放在首位,全力配合医师救治患者。

(3)护理伦理决策难:抢救危重患者时,会遇到一系列的伦理难题。护理人员根据患者的权益,患者的经济状况,家庭的承受能力,医护人员的职责义务,生命利益最大化的原则等,帮助患者做出决定,配合医师提出正确的医疗护理决策。

2. 危重患者抢救的道德规范

(1)全力以赴:危重患者病情变化大,发展迅速,医护人员要坚持人道主义原则,以高度的责任心和精湛的技术,畅通急救绿色通道,全力以赴组织抢救工作,不能疏忽懈怠,延误病情。

(2)果断审慎:危重患者病情复杂危急,需要医护人员以高尚的医德、良好的职业素质,高超的医疗技术,审慎判断,果断处置。做到治疗及时,医疗措施得当。

(3)高度负责:危重患者由于病情复杂,变化快,因此,抢救工作难度高、风险大。要求护理人员在抢救、护理危重患者时,要高度负责,勇担风险。

(4)竭尽全力:医护人员对治疗无望的患者,应竭尽全力,抢救治疗,以体现人道主义的关怀和温暖,满足患者家属的被重视的心理需求。

二、手术护理道德

手术治疗是外科治疗疾病的主要手段。手术治疗在给患者带来康复的同时又存在威胁患者生命的潜在危险,使患者产生恐慌、紧张和不安。因此,根据手术治疗的不同阶段,对于护理人员的道德素质提出不同要求。

(一)普通手术护理及其道德规范

1. 普通手术护理特点 普通手术指临床外科系统的一般手术。在实施手术的前、中、后的几个阶段中,护理工作体现以下几个特点。

(1)工作严格,准备充分:手术护理必须严格遵循各项规章制度。工作人员穿戴统一的衣帽、口罩、鞋,物品摆放整齐,定期消毒,达到无菌标准,充分地准备好患者手术前的药物、输血、器械等;护理人员手术中密切配合医师,做到操作严谨;术后做好观察和护理,对患者护理要一丝不苟。

(2)积极主动,机敏灵活:手术患者随时可能出现病情变化,医护人员做好随时应对的准备,护理人员手术工作中积极主动的态度、机敏灵活的能力、准确无误的操作,是保障手术顺利进行的基本条件。

(3)执行流程,做好衔接:手术工作是系统、完整、连续性的流程明确的工程,手术前、中、后几个阶段的护理,由不同科室的护理人员承担,职责分明,交接手续严格。护理人员了解并按要求执行好每一个手术的流程,避免手术及相关工作的差错事故。

(4)齐心协力,配合默契:一台手术需要医师、麻醉师、护理人员及其他技术人员的共同协作才能完成。因此,手术需要全体工作人员的齐心协力,默契配合,更需要手术护理人员在手术现场充分发挥组织协调和监督检查作用,以保证手术顺利进行。

2. 普通手术护理的道德规范　手术护理包括术前、术中、术后3个阶段。每个阶段有不同的护理特点,对护理人员的道德规范要求也不同。

(1)手术前护理道德

1)做好术前告知:向患者及家属讲清手术必要性、治疗方案,以及可能发生的不良反应或意外,让患者在充分理解的基础上自主做出手术决定,履行协议签字手续。知情同意是医护人员对患者或家属的尊重。

2)加强心理护理:护理人员应根据手术需要,帮助患者做好手术的心理、生理准备,使患者拥有愉快、稳定的情绪和乐观的态度,使身心调整到术前最佳状态。

3)创造良好环境:护理人员为患者创造安静整洁舒适的环境是手术顺利的必要条件。

4)做好术前准备:护理人员应认真做好各项术前准备工作。组织术前讨论,制订可靠治疗护理方案。充分预计手术过程中可能发生的情况与意外,并做好相应应急护理措施。

(2)手术中护理道德

1)安全肃静,安抚患者:安全肃静的手术环境是做好手术的前提条件,加强手术室各项管理,确保各方面处于完好状态。此外患者进入手术后,会产生害怕紧张的情绪,护理人员要理解关心、安抚患者,使患者在温暖关怀中进行手术。

2)操作熟练,一丝不苟:手术室工作的每一细小环节无不与患者的生命息息相关,任何疏漏和处理不当,都将贻误工作,给患者带来痛苦。护理人员应全神贯注、熟练操作、一丝不苟、果断细致、杜绝手术事故。

3)同心同德,团结协作:手术是医师、护理人员、麻醉师等共同完成的一项协作性技术活动。护理人员要一切从患者利益出发,服从手术全局考虑,医护人员应相互理解、互相帮助、同心同德、团结协作。

4)理解家属,耐心解释:患者家属对患者的手术进展情况十分关切,急于了解。护理人员应理解家属心情,及时通报手术进展情况,耐心回答家属提出的问题,给予必要解释,以消除他们的忧虑和不安。

(3) 手术后护理道德

1) 严密观察，加强监护：手术结束并不意味着治疗结束，术后观察和护理是手术治疗的重要组成部分。患者回到病房后护理人员应迅速了解患者手术进展情况，观察生命体征、伤口出血情况、导管是否通畅等，通过精心的术后护理使患者尽快康复。

2) 减轻痛苦，促进康复：手术后，由于出现伤口疼痛，活动受限，饮食缺乏，难以睡眠等情况，甚至丧失某些生理功能，患者常常比较痛苦。护理人员应体察理解患者的心情，精于护理，勤于照顾，做好心理疏导工作，促进患者早日康复。

> **重点提示**
>
> 术前、术中、术后 3 个阶段的护理伦理规范重点分别是：术前准备、术中操作和术后观察。

第五节 专科患者的护理道德

随着医疗技术不断发展，医院专科划分更加细致，专科疾病患者的医疗护理特点愈发明显，专科护理针对性强、难度大、专业要求高，对专科护理人员提出了相应的道德行为准则和规范。

一、妇产科患者的护理道德规范

妇产科学是直接为妇女健康服务的一门专科医学，其患者主要为孕妇、产妇或患妇科病的妇女。由于要兼顾到对现在、将来的孕产妇及胎儿、新生儿的影响，妇产科护理工作性质特殊，责任重大。

(一) 妇产科患者护理的特点

1. 护理患者特殊　妇产科护理的患者既有生病妇女、孕妇、产妇，又有孕妇的胎儿及产妇的新生儿。整个治疗和护理中，其治疗方案、护理措施要全面考虑。既要面对患者，又要兼顾到对现在或者将来胎儿、新生儿的影响，所以要求医护人员从患者切身利益出发，遵循医护准则与规范，实施审慎的治疗与护理。

2. 患者心理特殊　妇产科患者患病部位涉及女性性器官，部分患者会对此产生羞怯、恐惧心理。同时，女性患者因内分泌变化、疾病、妊娠等生理情况，也会出现一些特殊的心理变化，面对疾病本身和相应的诊断治疗过程产生较重的心理负担。

3. 护理责任重大　妇产科护理关系到广大妇女的身心健康，影响到子孙后代的繁衍健康成长，影响到家庭的幸福和后代健康，所以在妇女妊娠和分娩过程中，医护人员要以高度负责的态度认真对待，避免发生意外，危及产妇和婴儿的生命健康。

4. 技术要求较高　妇科治疗过程中患者及家属一般都会有手术损伤小，不留后遗症，尽量保持性功能和完整生育功能等要求，因此对医护人员技术水平和操作能力要求较高。

(二) 妇产科患者的护理道德规范

1. 尊重同情，关心体贴　由于妇产科患者常常涉及女性生殖系统，特别是年轻女性患病后往往恐惧、害羞、思想压力大。护理人员更要注重心理护理,针对患者心理特点,加强与患者进行沟通,尊重、同情、关心、体贴患者,帮助患者保持良好心态,配合治疗,战胜疾病,恢复健康。

2. 作风严谨,保守秘密　妇产科疾病涉及患者隐私,患者会出现难以启齿,心理负担过重的现象,护理人员要体谅患者,予以理解和同情。在对患者检查或治疗时,要作风严谨、态度严肃、行为端庄、保守秘密、维护患者合法权益。

3. 吃苦耐劳,讲求奉献　妇产科工作强度大,节奏紧张,常常节假日不休息,有时在抢救新生儿的紧急情况下,还要进行口对口呼吸,这就要求妇产科护理人员不怕脏、不嫌弃、吃苦耐劳,讲究奉献。

4. 工作认真,敢于负责　妇产科疾病病种多,发病快,医护人员要制定好预案,认真仔细,客观准确判断病情,果断采取有力措施,技术操作规范准确迅速。本着人道主义精神,以高尚的情操,优良的作风,过硬的技术,严谨的态度,丰富的经验,分工协作的团队精神,妥善治疗、科学护理,使患者早日痊愈。

5. 宣传政策,维护权益　妇产科医护人员在维护妇女儿童患者正当权益的同时,还肩负着宣传婚姻法、计划生育、优生优育等政策的任务,同时要尊重妇女对避孕方式、分娩方式等的知情选择权。

二、儿科患者的护理道德规范

儿童是祖国的未来,民族的希望,他们在生理、病理、心理、营养、代谢及疾病发生、发展规律等方面,都与成年人有所不同。儿科患者的特点决定了其道德规范独具特色。

(一)儿科患者的护理特点

1. 护患关系的特殊性　儿科护理的患者是新生儿到14岁的儿童,就诊时常常不配合甚至拒绝治疗,所以护患关系较特殊。儿科护士具有多重角色,既是护理技术执行者、生活护理提供者、心理护理工作者、教育者、康复者、预防保健指导者,还要充当父母、兄姐、朋友、玩伴的角色,处理好与小患者的关系,促进其康复。

2. 护理工作的紧迫性　儿科患者特别是婴幼儿患者因为年龄小,常常语言表达能力差,但是生理因素又决定了患儿发病急,病情变化快,要求医护人员快速反应、准确诊断,采取有效措施治疗疾病。护理人员还要密切观察,及时为医生提供病情变化的信息,配合做好相关工作。

3. 护理内容的复杂性　由于患儿年龄小、身体发育不成熟,会出现病情叙述不清,不能很好配合等情况,这会增加医护人员治疗护理难度。因此,护理人员的护理照顾、技术操作、心理引导等工作要更加细致到位。

(二)儿科患者的护理道德规范

1. 扮演好多重角色　儿科护理人员要扮演多重角色,对患者积极引导、关心爱护、细心服务,以良好的工作作风,亲切温和的语言,规范严谨的治疗护理,与患儿建立感情,取得家长的信任。

2. 对患者要高度负责　护理人员要以高度负责的态度对待儿科护理工作。认真执行各项制度,严格遵守操作规程,密切观察患儿,分析研究病情,发现情况要及时报告医师处理。对传染病患儿、体弱、白血病免疫低下等疾病的患儿,要严格做好保护性隔离。对患儿的任何治疗不仅要考虑近期效果，还要考虑远期影响。

3. 技术上精益求精　儿科患者往往发病急骤，如遇患儿表述不清，医师经验不足，极易造成误诊，所以，护理人员要具备扎实的儿科理论知识，丰富的护理经验，掌握熟练的儿科操作技术，仔细检查，协助医师准确诊断、有效治疗、精益求精做好护理工作。

4. 防止出现交叉感染　儿科患者常出现情绪波动大，控制能力低，看管不到位，容易发生意外，甚至造成交叉感染。因此，护理人员要引导患儿、家长，加强管理，采取保护性措施，防止患儿交叉感染。要做好医院病房的环境清洁卫生、消毒工作，以利于患儿疾病的治疗护理。

三、老年患者的护理道德规范

我国已进入老龄化社会，老年人患慢性和危重疾病的情况较为常见。做好老年患者的医疗保健、护理服务，满足老年人的心理需求，将关爱老人这一美德传承下去，是护理人员义不容辞的责任。

（一）老年患者的护理特点

1. 护理任务繁重　老年病发病率高，范围广，病程长，并发症多，护理要求高。老年患者往往生活自理能力差，情绪不稳，易产生抑郁、焦虑、恐惧等心理障碍，有时注意力不集中，忘了吃药，不配合治疗等，护理人员从生理、病理、心理的护理到生活的护理，其范围广、任务重、难度大。

2. 护理质量要求高　随着自然衰老的生理过程，老年患者表现为机体抵抗力低下，组织器官功能减退，反应迟钝，容易出现抑郁固执、不易合作等心理变化，这就要求护理人员掌握老年患者的心理特点、发病规律，及时实施有效的高质量的护理，减少并发症，降低病死率。

3. 心理护理要求高　老年患者感官能力下降，记忆力差，经常出现负面情绪，心理调节能力差。护理人员要仔细地观察其情绪和行为变化，多解释、多劝导，有效沟通，做好心理疏导，充分满足老年患者的心理需求。

（二）老年患者的护理道德规范

1. 真诚尊重，爱岗敬业　尊老敬老爱老助老是中华民族的传统美德，更是护理人员高尚职业道德的重要体现。在老年患者的护理工作中，要模范地遵守道德规范，心怀仁爱，爱岗敬业，关爱老年人。

2. 充分理解，精心护理　老年患者容易产生孤独、焦虑、忧郁、多疑等各种不良情绪。护理人员对老年患者要充分理解，做好基础护理和心理护理工作，要给予更多的关心和帮助，使老年患者产生安全感、舒适感和信任感。

3. 认真工作，严格履职　护理人员对老年患者要明察秋毫，审慎处置。各项护理操作要严格规范，符合工作流程，护理诊断和措施要恰当，对患者要进行周到细致的护理，如帮助老年人定时定量服药，加强用药指导，维护用药安全。

4. 不断学习，完善提高　医护人员要加强学习，掌握老年人安全风险管理及治病急救的策略及标准，研究老年患者的生理、病理、心理特点及病情、治疗方案、护理措施。提高道德修养，提升思想境界，以良好的心态、博大的情怀、高超的技术做好老年患者的护理工作。

5. 护教结合，合理保健　科学的生活方式可预防老年病的发生与发展。护理人员要制订老年健康教育计划，积极开展住院期间的健康宣教工作和出院指导，向老年患者传授保健养生、防病治病的知识和方法，做到护教结合，合理保健。

> **重点提示**
> 妇产科患者的护理道德规范、儿科患者的护理道德规范、老年患者的护理道德规范有共性但也各有所不同。

四、精神病患者的护理道德规范

精神病是由于人体内外各种有害因素引起的大脑功能紊乱,导致知觉、意识、情感、思维、行为和智能等障碍的一类疾病,特点是心理状态的异常,表现为各种各样的精神症状。对精神疾病患者的医疗护理有其特殊要求。

(一) 精神病患者的护理特点

1. **提供人性化关怀** 精神患者同其他患者的病因、症状和体质不同,更需要得到人道主义的关怀。精神病科护理人员要理解患者的痛苦,实施人性化关怀,通过药物、手术,辅以家庭化的关怀等方法,让患者心情愉快地接受治疗,增强生活的勇气和信心。

2. **积极履行职责** 精神病患者心理状态异常,自知力和自制力差,不能配合护理工作,治疗、护理、生活、饮食、起居全靠护理人员的管理安排。对待此类患者,需要护理人员对患者随时看管照顾和关心体贴,做好思想工作。按照操作规程进行全面护理,自觉履行职责,细致入微地关爱照顾患者。

3. **加强病房管理** 精神疾病患者患有严重的心理障碍,情感、行为均出现明显异常;情绪多变,言行怪异,有时会出现发生自伤、伤人、破坏环境、打砸物品甚至殴打医护人员的行为,要求护理人员加强病房管理,有防范意识和防范措施,保证医疗秩序和人身安全。

(二) 精神病患者的护理道德规范

1. **尊重患者权利** 疾病导致精神疾病患者心理状态的异常,可能会发生一些病态、异常的言行,有时会做出伤害护理人员和阻碍护理工作的事情。护理人员要予以理解、宽容、学会克制和容忍,遵守职业道德,充分尊重患者的人格,保护患者应享的权利,决不能借"治疗"惩罚患者,体现护理工作的人道主义精神。

2. **适时约束保护** 精神病患者的护理管理较难,患者反复无常,病房存在着潜在危险。有些患者有自伤、自杀、妄想行为,突发事件难以预料,一定要严加防范。为避免伤害发生,保护护患双方人身安全,必要时可采取强迫治疗或行为控制等约束措施。要按照医嘱和护理操作规程,适时约束保护,注重人身安全。

3. **保守隐私秘密** 精神病患者的病史往往涉及患者的隐私和秘密,患者在患病或恢复期,本人及亲属都不愿泄漏病情。所以,护理人员要尊重患者的人格,采取保护性措施,保守隐私秘密。也不可在患者及亲属面前泄露医院内部以及工作人员的私人情况,以防发生意外。

五、传染病患者的护理道德规范

传染病是由致病微生物或寄生虫引起的具有传染性的疾病。烈性传染病传播快、危害大。暴发流行后会造成大范围的人员感染,给国家社会和人民造成巨大的损失。因此,传染病应以预防为主。控制传染病的传播,防止交叉感染的发生,是传染科医护人员的常规工作。

(一)传染病患者的护理特点

1. **心理问题较多** 传染病患者因受到疾病的折磨和被隔离造成的双重压力,会有紧张不安、孤独抑郁等心理。加上社会上对传染病存在偏见,更加重了患者的心理负担,因此,传染病患者的心理问题比较多。

2. **隔离消毒要求高** 传染病区是集中收治各种传染病的场所,为控制传染病的传播和防止交叉感染的发生,对于不同途径的传染病应采取相应的有效的隔离方式,限制探视。对于出院、死亡者,必须按照完善的程序,严格进行终末消毒。

3. **强调自我防护意识** 传染病区护理人员每日与传染患者朝夕相处,不可避免地要接触具有传染性的分泌物、呕吐物、排泄物等,特别是在抢救危重患者时,护理人员需要给患者进行吸痰、护理操作等密切接触。尽管具有较为完备的防护和消毒隔离措施,但是被传染的概率仍然存在。因此,传染病科护理人员要提高自我防护意识,严格按照规范进行操作,在保护自身安全的同时,切断传染病的传播途径。

(二)传染病患者的护理道德规范

1. **重视消毒隔离** 医院传染病区集中了各类传染源,稍有不慎就会将传染病传播出去。因此,护理人员要做好消毒隔离工作,防止交叉感染。严格执行护理操作规程,对患者要严格管理,对患者的物品以及使用过的仪器设备等要进行彻底消毒,防止污物传播。要加强探视管理和病房管理,预防交叉感染。

2. **注重心理护理** 传染病患者在被隔离后,常出现失眠、抑郁、情绪不稳等症状,有的表现为情绪冲动、态度粗暴,甚至不配合治疗。护理人员要以人道主义精神,负责任的态度,采取有效措施,进行有效沟通,注重心理护理,营造轻松氛围,帮助患者树立信心,促使患者早日康复。

3. **预防为主承担社会责任** 烈性传染病传播快,对社会危害大。护理人员要坚持预防为主,承担社会责任。强化防范意识,对患者、家属和社区积极开展传染病的预防保健教育,提高疾病预防和卫生保健意识,做到早发现、早报告、早隔离、早抢救治疗,履行相应的法定义务和护理伦理要求。

讨论与思考

1. 简述整体护理的意义。
2. 简述心理护理的道德规范。
3. 简述门急诊护理的护理特点和道德规范。
4. 某孕妇产前检查时发现患有艾滋病,护士对该患者进行护理的伦理要求是什么?

(尚东丽 冀 萌)

第 8 章

临终护理和尸体料理道德

学习要点
1. 临终患者的心理特点和临终关怀的道德意义
2. 尸体料理的道德规范

案例分析

患者女,68岁,肺癌晚期,常常哭泣。分管护士小张询问后得知,患者的独生女5年前因婚姻问题与家人断绝关系。患者很希望与女儿见一面。小张最终找到了患者的女儿,当久别的母女相见抱头痛哭时,在场的人们无不为之动容。在后来的日子里,女儿经常陪伴母亲,患者的脸上终于露出了久违的笑容。

请分析
1. 如何看待案例中护理人员小张的行为?
2. 临终患者护理的重点是什么?

第一节 临终护理道德

生老病死是一个自然过程,护理人员要本着人道主义精神,呵护生命的全过程,对临终患者更要同情和关怀。针对临终患者所处的不同阶段应采用不同的护理方案,遵守不同的护理道德。

一、临终患者的含义和心理变化

1. 临终患者的含义　是指医学上已经判定在当前医学技术水平条件下治愈无望、估计在短时间内到几个月将要死亡的患者。

2. 临终患者的心理变化　美国医学博士伊丽莎白·库勒·罗斯将临终患者的心理变化过程分为五个阶段:

(1)否认期:当患者得知自己病重即将面临死亡时,常常没有思想准备,其心理反应为拒绝接受事实。

(2)愤怒期:患者通常会生气、愤怒、怨恨、嫉妒、产生内心的不平衡。

(3)协议期:患者希望尽可能延长生命,以完成未尽心愿,并期望奇迹出现。

(4)忧郁期:病情进一步恶化,治疗已经无望时,会产生很强烈的失落感,表现为情绪低落、消沉、退缩、悲伤、沉默、哭泣等,甚至有轻生的念头。

(5)接受期:此时患者对死亡已有所准备,一切未完事宜均已处理好,因而变得平静、安详。患者因精神和肉体的极度疲劳和衰弱,常常处于嗜睡状态,情感减退,静等死亡的来临。

二、临终关怀及其道德意义

(一)临终关怀的含义及特点

1. **临终关怀的含义** 临终关怀是指由社会各层次人员组成的团队向临终病人及其家属提供包括生理、心理和社会等方面的全面性支持和照顾,又称为善终服务、安息护理。

2. **临终关怀的特点** 临终关怀收治的主要对象是临终患者,不以治疗疾病为主,而是以减轻症状、支持疗法和全面照护为主;不以延长患者的生命为目的,而是以提高生存质量、维护患者的生命尊严与价值为主;不仅注意患者的躯体痛苦,更注意心理关怀和社会支持;不但关怀临终患者,对其家属也予以慰藉和居丧照护。

(二)临终关怀的道德意义

1. **临终关怀是人道主义在医学领域的升华** 临终关怀从多方面照护患者,可使患者的生活过得有意义、有价值、有尊严;死得安详舒适,减少牵挂,不留或少留家庭纠纷社会问题。对患者家属进行慰藉、关怀和帮助,使医学人道主义精神更彻底、更完善、更具有新的内容和活力。因此,临终关怀是人道主义在医学领域的升华。

2. **体现了生命神圣、质量和价值的统一** 人的一生经历了奋斗、拼搏创造后,到生命临终状态时,要受到应有的关心和照顾,维护生命的神圣。在舒适的环境下度过,生命的质量得到了确保。患者获得临终关怀,其生命的价值也得以提高。因此,临终关怀体现了生命神圣、质量和价值的统一。

3. **表明了人类文明的进步** 临终关怀倡导的是对社会弱势群体予以关爱的思想。吸引着富有爱心的人们和团体为他们付出更多的时间、感情和财富,使临终患者和家属可以得到更多的尊重、理解、爱心和照顾。也是老龄化社会发展的必然需要,敬老爱老养老,善待老人和临终患者是当今社会一个重要的主题,也表明了人类文明的进步。

4. **提高了临终关怀工作者的道德水平** 临终关怀要求医护人员具备专业的知识和技术,懂得临终患者及其家属的心理需求,具有心理、社会、法律等知识,具有较高的道德水平。富有同情心和强烈的责任感,懂得尊重患者、尊重生命的价值和尊严。让患者在有限的日子里,在充满亲情关怀的气氛中,安详、舒适、有尊严地离开人世。长期为临终患者工作,在环境影响和较高的道德要求下,提高了临终关怀工作者的道德水平。

三、临终护理的道德规范

临终患者在护理过程中的道德规范应遵循以下原则:

1. **以护理照顾为主的原则** 不以延长生命为目的,而以减轻身心痛苦为宗旨。对临终病人要采取控制疼痛与不适,缓解心理压力,姑息性治疗护理等措施。护理目标从治疗疾病转化为对症处理和护理照顾。

2. 尊重生命的原则　临终关怀中强调尊重生命的原则,护理人员应维护并尊重患者的权利和尊严,尊重患者的信仰和习俗。在患者生命的最后阶段,个人尊严不应该因生命力降低而被忽略,个人权利也不可因身体衰竭而被剥夺。

3. 提高生存质量的原则　让临终患者在有限的生存时间内,感受到关怀,为临终患者提供优质的临终服务,提高其生存质量。对临终患者及家属进行生死观的教育,消除患者及其家属对死亡的焦虑与恐惧。

4. 重视心理支持的原则　临终是人生旅途的最后阶段,此时的患者心理十分复杂,护理人员应与患者及家属进行有效沟通,对临终患者及家属进行心理疏导,及时发现患者的心理需求,让临终患者的亲人、子女、配偶陪伴在身边,提供亲情的慰藉、情感的支持维持平衡的心态。

重点提示

临终关怀及其道德意义,临终护理的道德规范。

第二节　死亡和安乐死的道德问题

死亡是生命发展的必然归宿,是不可逆转的历史性过程。如何认识死亡,正视死亡,提高人类的死亡质量,是医学界、道德伦理学界研究的重要课题。

一、死亡标准的演变及其道德意义

(一)对死亡的认识

在人类社会发展的历史过程中,人们对死亡的认识从自然而然地出生到死,逐渐地发展到认为死亡或是神和上帝的旨意安排,或是命运的结果。而现在人们普遍认为,死亡是生命发展过程中的必然组成部分。因此,正确理解死亡的意义,有助于人们更加注重人的生存质量。

(二)死亡标准的演变

什么是"死亡"？界定死亡的标准如何确定？这是人类一直在思考探索的问题。传统的死亡标准是:当一个人的心脏停止搏动、呼吸也停止后,这个人即为死亡。这个观点延续了几千年,随着医学科学技术的发展,器官移植技术的兴起,使得心肺移植术成功率逐渐提高,这打破了传统的死亡标准。1968年8月,世界医学会在澳大利亚召开了第22次会议,讨论了"死亡的确定"问题,发表了著名的《悉尼宣言》。这一宣言提出了认定脑死亡的5条原则,但未提出具体脑死亡标准。

关于脑死亡的标准争论很大,国内外医学会及行为伦理研究学会对脑死亡标准的研究可以总结概括为:①不可逆转的深度昏迷;②自主呼吸停止;③脑干反射消失;④脑电波消失(直线)。

(三)死亡标准的道德意义

1. 有利于全面、准确、科学的定义死亡　因为脑死亡是不可逆的,它最终必定导致呼吸和心跳停止,整个生命系统不可逆转地崩溃。

2. 有利于合理地使用医疗卫生资源　在卫生资源有限的情况下,不惜花费巨大代价,维持一个毫无意义的生命,这是对人力、物力、财力及有限卫生资源的浪费。"脑死亡"标准的提出,有利于人们节约或合理使用医疗卫生资源。

3. 有利于器官移植的顺利开展　依照脑死亡标准对供体做出死亡诊断,就能及时摘取有用的器官或组织,供器官移植用,从而提高器官移植的成功率。这样做符合人类合理利用的价值,有助于器官移植医学科学的发展。

4. 有利于正确实施法律　脑死亡标准的确立有助于正确地实施法律,防止和处理因此而引起的医疗纠纷。

5. 有利于亲属做出正确选择　脑死亡标准的确立,有利于人们转变过时的伦理道德观念,亲属依据医院的科学的诊断结果认定亲人的死亡,从感情、理智上易于接受事实。

6. 有利于开展死亡教育　脑死亡标准的确立,让人们能够正确地、科学地认识死亡,坦然地面对死亡,也更加珍惜生命,让人的价值得以体现。在有生之年做一个高尚的人,一个有益于人民的人。

二、安乐死及其道德争论

(一)安乐死的含义

安乐死(euthanasia)是外来词,原意是指"快乐的死亡"或"尊严的死亡"。据权威词典解释,安乐死有两层含义:一是无痛苦地死亡,安然地去世;二是无痛致死术,即为结束不治之症患者的痛苦而采取的措施。

安乐死按其形式可分为主动(积极)安乐死和被动(消极)安乐死。主动安乐死是指根据患者及家属意愿,要求医务人员采取各种措施,结束患者的生命,如注射、口服一些药物等措施。被动安乐死是指对那些无法挽救的患者,终止维持患者生命的措施,任其自然死去。如摘掉患者呼吸器、心脏起搏器等。

根据患者意愿,安乐死还可分为自愿安乐死和非自愿安乐死。自愿安乐死是在患者要求下,对其实施安乐死;非自愿安乐死是对已昏迷的、非清醒患者,在清醒时没有提出要求实施安乐死,而是昏迷后亲属提出要求,医院对患者实施的安乐死。

就临床实践来看,以下人员可以是实施安乐死的对象:

(1)晚期恶性肿瘤无法治愈者。
(2)重要生命器官严重衰竭并无法逆转者。
(3)因各种疾病、意外伤害致使大脑功能丧失者。
(4)有严重缺陷的新生儿。
(5)患有严重精神疾病,患者本人已无正常感觉,并无恢复正常的可能。
(6)先天性智力丧失,无独立生活能力,并无恢复正常的可能。
(7)老年痴呆患者和高龄的重病和重伤患者。

(二)安乐死的发展现状和道德争论

1. 发展现状　从17世纪开始,就有学者、哲学家提出了由医师采取措施来结束患者生命的方法。19世纪初,安乐死在临床实践中被运用。进入20世纪后,1936年英国首先成立了自愿安乐死协会。1937年瑞典做出了可以帮助自愿安乐死的法律规定。1944年澳大利亚和南非也成立了类似组织。1977年美国医学会的调查结果显示:大部分医师赞同安乐死。到目前为止,美国、丹麦、瑞士、瑞典、比利时、意大利、法国、西班牙、荷兰、英国都成立了"安乐死协会"。2001年荷兰通过了安乐死法案,成为世界上第一个安乐死合法的国家。据统计,荷兰及其周边地区每年都有许多患者要求实施安乐死。

安乐死在我国的发展过程:1988年7月上海召开了"安乐死的社会、伦理、法律学术研讨会";1994年10月在上海医科大学召开了全国第二届安乐死学术研讨会,与会人员一致认为,让安乐死合法是人类理智、科学地对待死亡的一种表现,也是社会精神文明的一大进步。目前,我国赞同安乐死的人数越来越多。

2. 道德争论安乐死是否道德,成为医学伦理学界讨论的重要课题 就目前讨论的情况来看,支持安乐死的观点大致有3种。

(1)认为安乐死符合人道主义原则:人总有一死,而患了不治之症的人,与其遭受痛苦的煎熬,不如寻求安乐死来解脱。这样做符合人的生存权利,也可保全家庭生活的利益。

(2)体现了人类的尊严和文明:人的生命是神圣的,人的尊严应贯穿人的一生,它也存在于人类选择、控制结束自己生命的过程中。选择死亡,作为人类生活文明的一个环节,也是人类文明和社会进步的体现。

(3)安乐死可以避免资源浪费:如果使用各种措施都维持不了毫无意义的生命,那么实施安乐死可以减轻患者亲属的精神和经济负担,也可以节约卫生资源,对患者、家属、医院及社会都是有益的。

反对安乐死的观点有以下2种。

(1)安乐死违背人道主义原则和救死扶伤的精神:尊重生命,追求美好的生活是人类的理想。人道主义就是救助生命,而救死扶伤又是医护人员的本职。所以,实施安乐死是反其道而行之。

(2)患者不可逆转相对论:随着医学科学的发展,一些所谓的"绝症"会被攻破。事实证明,有些患者被宣布死亡后又奇迹般地生存。如果实施安乐死,则导致救助患者的医学探讨中断,没有给患者争取活下去等待治愈的机会。

三、死亡教育道德

1. 树立积极的人生观、正确的死亡观 人生是美好的,而人的死亡是生命过程的一个重要组成部分。开展死亡教育就是要引导人们树立正确的世界观、人生观和死亡观,提升社会的责任感、道德感,珍惜生命的有限时光,实现自身的价值。

2. 科学地认识死亡,坦然地面对死亡 对于一切有生命的、有活力的动植物来说,死亡是其发展的必然归宿。随着医学科学的发展,社会的进步,人们逐渐能改变错误的死亡观点,破除了封建迷信、宗教神学的束缚,真正认识到死亡的实质,因而也能科学地对待死亡,坦然地面对死亡。

3. 推进死亡教育,普及健康尊严的死亡观点 人类与生俱来充满了对死亡的恐惧。要消除这种对死亡的禁忌和神秘化,唯有加强死亡教育,推动科学的研究进程,提高人们对死亡的认识。目前,世界上多数国家普及死亡教育,普及健康尊严的死亡观点,大力推行安乐死,加强临终服务。这真正体现了人道主义精神,体现了人的生命的神圣崇高。

> **重点提示**
>
> 正确认识死亡、对待死亡是每个护理人员的责任。

第三节 尸体料理道德

尸体料理是护理人员在患者死亡后,按要求程序规定,对死者尸体所进行的一项料理护理。护理人员要以良好的职业道德素质,严肃认真的态度,尽职尽责地做好死者的善后处理工作。

一、尸体料理及其道德意义

尸体料理是对患者生前护理的延伸,是护理人员对尸体进行清洁、料理等相关的服务工作。尸体料理是对死者生前护理的延伸,是对死者的负责,是对家属的安慰。尸体料理有其重要的道德意义。

1. **表示对死者的尊重负责** 护理人员本着对死者尊重负责的态度,精心地料理尸体,尽量尊重死者生前的意愿、习惯,听取家属的意见,妥善地处理相关后事,理解安慰亲属。面对尸体操作,要细致不可粗心,更不能说笑打闹,以尊重、严肃的态度做好尸体料理工作。

2. **安慰亲属,做好心理疏导** 患者死亡后,护理人员要理解、体贴亲属,及时给予安慰,做好心理疏导。护理人员以高尚的道德素质,做好善后料理服务,以人性化的关爱,告慰死者,给死者亲属精神上的安慰。

二、尸体料理的道德规范

1. **尊重死者,妥善料理死者的尸体** 患者经抢救无效,经鉴别已确定死亡的,方能进行尸体料理。护理人员要以高度责任感,尽职尽责料理好尸体,严格按照料理程序进行操作。要保持尸体清洁、外观良好,易于辨认,使家属得到安慰,减轻哀痛。在处理尸体过程中,其行为要符合医学、卫生、法律要求,让死者亲属得到心灵慰藉:①患者死亡后,尸体应尽快抬出病房或送太平间;②传染病患者的尸体必须严格隔离消毒,病房、床铺及死者用物应按规定处理;③患者濒于死亡,应将其移至抢救室或单人病房,以便临终前进行必要的处理及尸体料理;④无条件安排单独房间的,对同病房的患者应采取保护性措施避免受到惊吓和刺激。

2. **安抚家属,认真做好遗物的处理** 面对死者亲属悲痛的心情,护理人员要理解同情,做好劝慰安抚工作,帮助亲属理智地面对和接受现实。妥善做好遗嘱、遗物的处理,若无家属在场,应由两名护理人员清点死者遗物,将贵重物品列出清单交专人保存。慎重处理患者的遗嘱,遵照死者的生前嘱托,将遗嘱交给受嘱托人。

3. **协助相关部门,做好死者的遗体捐献** 死者生前提出捐献遗体器官、组织愿望的,护理人员要协助相关部门,做好死者的遗体捐献工作。要按照规定,行使监督器官组织摘取、捐献、送交、使用等环节的义务,协助办理有关手续。

讨论与思考

患者李某,男,50岁,肺癌晚期,已经无法医治。患者临终的心理变化会经历哪些阶段?给患者做临终护理时应遵循哪些护理道德?

(尚东丽　冀　萌)

第9章

现代医学技术应用中的护理道德

学习要点
1. 现代生殖技术伦理道德规范
2. 器官移植伦理道德规范
3. 基因诊疗伦理道德规范

案例分析

某医院眼科护士为第二天的角膜移植手术做准备时,发现储存的角膜已坏死,于是就和主管医师到太平间从一具女尸眼部取出眼球,换上义眼。医院用取出的角膜为一位被烧碱烫伤眼部的患者做了移植,使患者恢复了视力。但是死者家属在给死者美容时发现眼睛受损,就将该医院和医护人员告上法庭,索赔100万元。

请分析

从医学伦理范畴看,医护人员错在什么地方?何种情况下才能摘取死亡患者的角膜?

现代医学新技术是指在诊疗、护理、预防、保健和康复等医疗实践活动中,采用现代物理的、化学的、生物的尖端科研技术成果,直接应用于人体的医学手段,如现代生殖技术、器官移植、基因工程等技术。现代医学新技术的快速发展和应用同时也导致了道德的难题,引发了一些值得探讨的伦理问题。遵循相应伦理规范指引医学新技术的正确的应用显得非常重要。

第一节 现代生殖技术护理道德

现代生殖技术是指用现代医学技术代替人类自然生殖过程的某一步或全部步骤,按照人们的意图,在人工操纵下的一种生殖方法。现代生殖技术的广泛运用可以明显提高人类个体的遗传素质,防止有明显遗传劣质素质的人出生。

一、现代生殖技术的主要形式及其发展

(一) 人工授精

1. **人工授精技术概述**　人工授精技术是指采用人工方法,使卵子和精子在体内结合,达到受孕生育目的的医学方法。按照精液来源不同,可分为使用丈夫精子的同源人工授精(简称 AIH)和使用供者精子的异源人工授精(artificial insemination by donor, AID)。美国人杜莱姆在 1890 年首先将人工授精技术应用于临床。我国生殖技术的研究与应用,是在 1982 年原湖南医科大学首先将人工授精技术应用于临床开始,1986 年青岛医学院建成了我国第一座人类精子库。

2. **人工授精技术的道德价值**　人工授精可以提高人类个体的遗传素质,防止有明显遗传劣质的孩子出生,特别是通过有意识选择优秀人类个体的精子,限制素质不高者的个体精子使用,使人类的遗传素质大大提高。人工授精可以为男性绝育者提供生殖保障,为推行男性绝育免除后顾之忧,使计划生育政策贯彻实施有了科学的保障。

(二) 体外受精

1. **体外受精概述**　体外受精是指用人工方法使卵子与精子在体外受精发育成早期胚胎后,移植到母体子宫内妊娠的过程。国际上把这样诞生的婴儿称为"试管婴儿"。1978 年 7 月 25 日世界上第一个试管婴儿在美国诞生。而我国首例试管婴儿于 1988 年 3 月 10 日在北京医科大学第二医院诞生,我国第一例供胚移植试管婴儿在原湖南医科大学第二附属医院诞生。

2. **体外受精的道德价值**　成功的体外受精技术,促进了家庭和社会的和谐发展,对科学技术发展和社会道德伦理均起到了很好的支撑作用。体外受精技术的成功,一方面从根本上解决了生殖医学上的难题,挽救了许多濒临破碎的家庭,另一方面也给传统的家庭伦理和社会伦理道德带来了强烈的冲击。

(三) 克隆技术

1. **克隆技术概述**　克隆技术是用现代技术进行细胞核移植,即把一个体细胞核移植到去核的卵子中,从而创造具有与供体遗传上相同或一致的新生命。新的个体的产生不是卵子与精子的结合,而是一个已经存在的基因型拷贝。它类似于简单生命的无性繁殖方式。

2. **克隆技术道德争论**　随着克隆技术的发展运用,在人类的道德意识上也引起激烈争论。多数人认为克隆人是不道德的,若被滥用易引起灾难性的后果,同时也会带来亲属伦理关系混乱等社会问题。支持者认为,克隆技术可使不育夫妇或不愿生育夫妇获得后代,也可用此方法来阻止缺陷基因的传播。利用这一技术可以复制优良家畜个体,提高畜群遗传素质和生产能力,进行高水平新药的研制等。一般认为,无性生殖的研究运用应控制在动、植物的育种方面,不能随便用于人类。

二、现代生殖技术的道德冲突

(一) 亲子关系破裂,存在血亲通婚的危险

应用现代生殖技术使得经 AID 出生的孩子同其社会学父亲没有血缘关系,那么传统的婚姻家庭的伦理、亲子观念和法律上规定的继承权,受到质疑和冲击。虽然我国在新修订的家庭婚姻法中规定,经现代生殖技术出生的子女在法律上与婚生子女具有同等的法律地位。但社会上的偏见及人们根深蒂固的血统观念,仍然使经 AID 生育的孩子受到影响。

(二)代孕母亲、精子库存在的利弊

代孕母亲帮助不能生育的妇女孕育胎儿,并顺利产下婴儿,这是现代社会医学技术进步的成果。社会中出现的以商业性代孕为业,以牟取报酬为目的的代孕市场,使有些妻子可以生育,但不愿妊娠,却租用别人的子宫代孕成为可能,从伦理道德上讲这种行为是对后代的不负责任。

(三)对克隆人的道德争论

人类利用克隆技术生育,打破了夫妻通过性活动繁衍后代的常规,使子女与父母的血肉关系被打破,出现无血亲家庭,这必然导致传统婚姻家庭关系的破裂、人与人之间感情的淡漠。克隆人很可能造成人伦关系混乱,假如某男子将其体细胞核移植到女儿的去核卵中,并让重构卵在女儿子宫中孕育至分娩,那么父女与"克隆人"三者的人伦关系如何确定?因此,人类社会因"克隆人"的出现使得社会亲子关系、家庭人伦关系混乱,甚至颠倒,由此引起社会的不稳定。

三、开展现代生殖技术的道德要求及护士的道德责任

(一)现代生殖技术的道德要求

1. **知情同意的原则** 医务人员对要求实施辅助生殖技术且符合适应证的夫妇,须让其了解实施该技术的程序、成功的可能性和风险以及接受随访的必要性等事宜,并签署知情同意书。医务人员对捐赠精子、卵子、胚胎者,须告知其有关权利和义务,包括捐赠是无偿的、健康检查的必要性以及不能追问受者与出生后代的信息等情况,并签署知情同意书。

2. **维护供受双方和后代利益的原则** 捐赠精子、卵子、胚胎者对出生的后代既没有任何权利,也不承担任何义务。遵照我国抚养教育的原则,受方夫妇作为孩子的父母,承担孩子的抚养和教育。

3. **互盲和保密的原则** 凡是利用捐赠精子、卵子、胚胎实施辅助生殖技术,捐赠者与受方夫妇、出生的后代须保持互盲,参与操作的医务人员与捐赠者也须保持互盲。医疗机构和医务人员须对捐赠者和受者的有关信息保密。

4. **维护社会公益的原则** 医务人员不得对单身妇女实施辅助生殖技术;医务人员不得实施非医学需要的性别选择;医务人员不得实施代孕技术。一个供精者的精子最多只能提供给5名妇女受孕。

5. **严防商品化的原则** 医疗机构和医务人员对要求实施辅助生殖技术的夫妇,要严格掌握适应证,不能受经济利益驱动而应用于有可能自然生殖的夫妇。供精、供卵、供胚胎应以捐赠助人为目的,禁止买卖。但是,可以给予捐赠者必要的误工、交通和医疗补助。对实施辅助生殖技术后剩余的胚胎,由胚胎所有者决定如何处理,但禁止买卖。

(二)护士的道德责任

1. **遵守伦理原则** 开展宣传教育护理人员在现代生殖技术工作中要严格遵守国家的政策规定及操作规则,严谨细致、精益求精。做好接受生殖技术人员的心理工作,让他们充分了解生殖技术的适应证、手术过程、风险及面临的一系列道德法律、家庭伦理、社会影响等问题。协助医师做好安全、可靠、有效的生殖手术。

2. **正确认识克隆技术** 人类社会的发展,推动了科学的进步。克隆技术的研究应用,如用在动、植物育种方面,克隆人的组织和器官,为人的器官移植提供无排斥反应的组织和器官,

利用无性生殖技术探讨新途径、新方法等方面,是为人类社会做出了有益贡献。当然,克隆技术若被滥用会引起灾难性的后果。

第二节　器官移植技术

器官移植通常是指将健康的器官移植到另一个人体内,使之迅速恢复功能的手术,目的是代偿受者相应器官因致命性疾病而丧失的功能。这项技术已成为现代医学延长生命的重要手段,为医学领域救死扶伤带来了革命性的变化。

一、器官移植技术的发展

(一) 发展概况

早在19世纪,人们便开始了器官移植的实验研究,1954年,世界首例同卵双生兄弟间进行的肾移植手术获得成功,医师默里因此获得诺贝尔医学奖。1963年美国完成了第一例肝移植和肺移植,1967年南非完成了世界首例心脏移植,目前各国已经开展了30多种器官和组织的移植手术。

我国器官移植起步于20世纪60年代末,1972年梅桦教授实施了我国首例活体肾移植,目前临床上能实施各类移植,包括单个器官移植、器官联合移植、角膜和骨髓等组织或细胞移植等,患者术后的生存率和移植物存活率明显提高。

(二) 主要种类

广义的器官移植包括细胞移植和组织移植。常用的移植器官有肾、肝、肺、心、胰腺与胰岛、甲状旁腺、心肺、骨髓、角膜等。

1. 肾移植　就是将健康者的肾移植给有肾病变并丧失肾功能的患者。同种肾移植是开展最早、例数最多、成功率最高的器官移植。作为公认的治疗终末期肾疾病最理想的方法越来越受到医院、家庭和社会的关注。

2. 肝移植　自1963年美国施行世界上第一例人体原位肝移植以来,肝移植已在全世界步入成熟时期。我国截至目前累计施行肝移植手术近万例,术后疗效已接近国际先进水平。

3. 肺移植　1983年加拿大多伦多总医院成功为一名58岁终末期肺纤维化男性患者做了右肺移植,2009年上海同济大学附属上海肺科医院完成国内首例亲体双侧肺叶移植手术。肺移植手术的发展为终末期肺病患者带来健康的希望。

4. 心脏移植　心脏移植术日趋完善,在发达国家,已成为常规手术,手术成功率在95%以上。我国的首例心脏移植手术于1978年在上海完成。心脏移植手术目前面临的问题是适应人群增长与供体有限的矛盾。

5. 其他器官和组织移植　技术也取得了长足进步,有望为更多患者挽救生命、提高生活质量、缓解和治愈疾病。

二、器官移植技术的道德冲突

(一) 器官移植的道德性的争论

支持器官移植者认为,生命健康权是人的第一权利,通过器官移植,可以挽救那些因器官功能衰竭而面临死亡的患者,其行为符合伦理道德规范。而反对者认为,摘取生者和死者的器官,破坏人体的完整性,违背了传统的道德,引起伦理混乱,也是对生命和死者的不尊重行为。

(二)器官来源的争论

随着器官移植技术的日益成熟,手术适应人群不断扩大,供体来源成为制约器官移植技术发展的瓶颈问题,如何获得供移植的器官成为各方争论的焦点之一。特别在我国受传统思想影响,自愿捐献遗体和器官的人群数量很少,是否需要立法要求捐献遗体和器官引起社会各界和多方面的争议。

(三)摘取器官适宜时间的争论

从技术要求上讲,为提高移植成功率,供移植器官摘取的时间距死亡发生的时间越短越好,移植到受者体内越早越好。但何时进行器官摘取存在道德争论,太早可能放弃了供体提供患者濒死时的生存希望,太晚又降低了供体的质量和移植成功率。

(四)资源分配的争论

较少的供体资源如何在较多的需要者之间进行分配,是按照等候的时间顺序还是按照病情的严重程度,是医疗机构面临的一个道德选择难题,目前存在着医学标准和道德标准两个参考,但仍然引起广泛的争议。

三、器官移植技术的道德规范

我国于2007年5月1日颁布实施了《人体器官移植条例》法规文件,但还没有针对人体器官移植的伦理原则文件。目前,关于人体器官移植的伦理规范,主要是第九届全国医学伦理学学术年会讨论公布的《器官移植的伦理原则》,主要伦理规范有8条原则。

1. 患者健康利益至上原则　患者健康利益至上原则指在人体器官移植技术的应用中,必须把是否符合患者健康利益作为人体器官移植行为合乎伦理的第一评判标准。

2. 唯一性原则　即在针对受者的所有治疗方案中,器官移植应该是唯一具有救治希望的方案。

3. 自愿、无偿与禁止商业化原则　人体器官移植应当遵循自愿、无偿的道德原则。任何组织或者个人不得强迫、欺骗或者利诱他人捐献人体器官。

4. 知情同意原则　在器官移植技术中,无论对于受者还是对于供者,都必须充分尊重他们的知情权,并取得他们的自主同意。

5. 尊重和保护供者原则　对于同意死亡之后捐献器官用于移植的患者,理应得到整个社会的尊重。对于活体供者,除应予以尊重外,还要给予必要的保护,促其伤口早日愈合,恢复健康。

6. 保密原则　保密原则要求从事人体器官移植的医务人员应当对人体器官捐献人、接受人和申请人体器官移植手术的患者的信息最大限度地予以保密。

7. 公正原则　目前,可供移植的器官奇缺,在众多等待器官移植的患者中,公平合理地选择最终的器官移植获得者。

8. 伦理审查原则　负责人体器官移植的医护人员应当向所在医疗机构的人体器官移植技术临床应用与伦理委员会提出摘取人体器官申请,该委员会对此进行审查,以保证人体器官移植符合医学伦理。

第三节 基因技术和干细胞技术

一、基因诊断与治疗中的伦理规范

(一) 基因诊断与基因治疗的含义

基因诊断是指利用现代分子生物学和遗传学技术,直接检测基因结构及表达,从而对疾病做出诊断的方法。而基因治疗则是在此基础上,将正常基因导入靶细胞,以纠正或补偿缺陷或异常基因,从而达到治疗的目的。

(二) 基因诊断与基因治疗的意义

基因诊断方法以基因的结构异常或表达异常为切入点,往往在疾病出现之前就可做出诊断,为疾病的预防和早期及时治疗赢得了时间。基因治疗是一种根本性的治疗,它可以通过取代突变的致病基因,也可以通过改变病变细胞的基因结构,或者通过导入能增强人体内免疫能力的基因等方式,来达到治疗的目的。

(三) 基因诊断与基因治疗的伦理规范

基因诊断与治疗技术在迅速发展的同时,存在着极其复杂的伦理、法律与社会问题,需要加以认真思考与对待。因此医务人员进行基因诊断与治疗时应遵循以下基本伦理规范。

1. **尊重患者的原则** 通过基因诊断而发现有基因缺陷的患者,医务人员应该像对待健康人或其他患者一样,尊重其人格和权利。

2. **知情同意的原则** 在实施基因诊断、治疗前,医务人员必须向患者或其家属做出相应的适当解释,让其对相关的主要问题的信息充分理解,然后做出是否接受基因诊断、治疗的决定,在知情同意的前提下实施基因诊断和治疗。

3. **有益于患者的原则** 在实施基因治疗前,医务人员应对其有效性、危险性、技术性做出评估,按程序报请审批,要使基因治疗确保对患者有益。

4. **保守秘密的原则** 为实施基因诊断、治疗的患者保守秘密,这是医务人员的道德义务。在征得患者的同意后可以适当解密。

二、干细胞应用中的伦理规范

人类胚胎干细胞的研究,对于有效地治疗人类多种疾病,维护和促进人类健康具有巨大的潜在价值。但由于该项研究与应用可能引发若干社会、伦理和法律问题,因此研究应遵循一定的规范,这有利于研究顺利、健康地开展。

(一) 干细胞的含义与分类

干细胞是指具有多向化潜能和自我复制功能的早期未分化细胞。干细胞分为全能干细胞、多能干细胞和单能(专能)干细胞。

(二) 人类胚胎干细胞研究和应用的意义

人类胚胎干细胞是全能干细胞,可以分化成人体 200 多种细胞类型,有可能再造人体的各种细胞、组织和器官,从而使人类的病变或衰老细胞、组织和器官得以修复或替代,如果与基因治疗相结合,还可以解决众多的遗传性疾病。因此,人类胚胎干细胞的研究和应用具有巨大的潜在价值。

(三) 干细胞应用中的伦理规范

1. **尊重原则** 胚胎是人类的生物学生命,作为胚胎干细胞研究的产物具有伦理价值,应该得到人们的尊重,没有充分理由不能随意操纵和毁掉胚胎。胚胎干细胞研究对于治疗人类多种疾病具有潜在价值。

2. **知情同意原则** 必须告知人工流产下的胎儿组织或体外受精成功后剩余的胚胎的潜在捐献者、配子或体细胞的潜在捐献者有关干细胞研究的信息,获得他们自愿同意,并给予保密;同样,在将干细胞研究用于临床时,也必须将有关信息告知受试患者及其家属,获得他们的同意,并给予保密。

3. **安全和有效原则** 在使用人类胚胎干细胞治疗疾病时,必须经动物实验有效,并设法避免给患者带来伤害,临床试验应遵照国家药品监督管理局有关新药临床试验和基因治疗的规范。

4. **防止商品化原则** 提倡捐赠进行人类胚胎干细胞研究所需的组织和细胞,禁止一切形式的生产、制造、销售、买卖配子、胚胎和胎儿组织的行为。

讨论与思考

第九届全国医学伦理学学术年会讨论公布的《器官移植的伦理原则》,主要伦理规范中有哪几条原则?

(尚东丽 冀 萌)

第10章 护理管理道德和护理科研道德

学习要点
1. 护理管理与护理科研的道德规范
2. 护理管理道德的作用
3. 人体实验的护理道德规范

案例分析

患者王某,男,20岁。因阑尾炎住院治疗,入院后医师告知有一种治疗阑尾炎的新药,需部分患者自愿参加做临床疗效试验,但又告知患者希望尽量参加。王某抱着试一试的态度参加试验,但是因效果不明显又提出中途退出试验,主管医师对其做法很不满意,为此患者很苦恼,不知道该怎么办。

请分析

请按照人体试验的道德规范原则分析医生和患者的行为。

第一节 护理管理道德

护理管理是现代医院管理的重要组成部分,护理道德规范在护理管理中具有人际关系的调节、教育、激励和认识功能。充分发挥护理道德规范在护理管理中的作用,对提高护理管理的效能及促进护理管理目标的实现具有重要意义。

一、护理管理道德的含义及作用

(一)护理管理道德的含义

护理管理是为了提高人们的健康水平,系统地利用护士潜在能力和有关人员、设备、环境以及社会活动的过程。护理管理运用科学的理论和方法对医院护理工作进行管理,促进护理质量提高,更好地为患者服务。

护理管理道德是以护理管理中的各种道德现象为研究对象,研究管理活动中如何应用伦理道德原则与规范,能动地开展护理管理实践活动。

(二)护理管理道德的作用

1. 提升医护服务质量　护理人员在医护工作中表现的职业道德素养决定了护理服务质量的高低。护理服务质量高低也直接关系着医疗服务的成败,护理人员良好的精神状态、高尚的道德情操以及对各项规章制度和护理工作规程的正确执行,为提升护理服务质量提供了有力保障。

2. 提高医院管理水平　护理人员在从事护理工作的同时,还担负物资管理、病房管理、环境管理等工作。护理人员在工作中的主动性和责任心是做好各项管理工作,提高医院管理水平的前提。

3. 建立和谐护患关系　护理人员与患者及家属接触密切,直接实施或间接参与完成大部分治疗、护理工作。需要护理人员努力履行护理职责,完成护理工作,并及时做好与医师、医技人员、患者间的沟通协调,构建和谐医患关系。

二、护理管理者的素质

护理管理者是指在医疗机构及其部门中承担各级各类护理管理职责的人员。医院护理副院长、护理部主任、护士长都承担着不同的护理管理职责,优秀的护理管理者是高品质医疗护理的重要保证。护理管理者应具备政治素质、道德素质、管理素质、专业素质。

1. 政治素质　坚持正确的政治立场,及时了解国家卫生政策与形势、卫生改革方向等是护理管理者必须具备的基本政治素质。同时要学习和掌握社会主义护理伦理学、管理学等知识,使社会主义医德原则、规范在护理人员的工作和实践中得到落实,让护理工作能更好地为人民健康服务。

2. 道德素质　护理管理者应该遵纪守法,自觉执行各项规章制度,对于违背社会主义医德原则的不正之风,要坚决反对并加以纠正,还应该做到清廉正直、不谋私利,肩负起督促、检查其他护理人员执行规章制度的责任;对于遵章守纪、护理道德高尚的护理人员要给予表扬和奖赏;对于违规违纪的护理人员应及时给予教育、批评或处分、惩罚。此外,护理管理人员要以强烈的事业心、高度的责任感,身先士卒、忠于职责、不计报酬、任劳任怨地做好管理工作。

3. 管理素质　实行民主化管理是社会主义医院性质所决定的,也是管理者道德修养的重要内容。因此,护理管理者不仅要有民主管理意识,善于听取护理人员对医院、科室管理和发展的意见,分析和解决护理人员反映的问题,还应健全民主管理的制度,充分发挥各级工会组织和职工代表的作用,调动护理人员的积极性,使整个护理团队能够团结一致,为实现医院管理的目标和任务做出贡献。

4. 专业素质　护理管理者应具备以下七种专业素质:扎实的专业理论知识,规范、娴熟的实践操作能力,敏锐的洞察能力,分析解决问题能力,评判性思维能力,面对患者病情变化灵活的应变能力,遇到护理难题独立解决的创新能力。

三、护理管理的道德规范

护理管理道德规范在护理管理中起到指导、调节和评价管理行为的作用,护理管理工作应遵循以下道德规范。

1. 维护患者利益　医疗机构的一切医疗活动都是以患者为中心进行的,护理管理活动也是以满足患者健康需求作为护理管理工作的中心和出发点。因此,各项护理管理工作应体现这一高尚的护理管理道德。

2. 提高护理质量　不断提高护理质量管理是医疗机构护理管理工作的核心，护理管理在发挥其改进质量、调配资源、教育培训等作用时，要明确目标、突出重点，为提高护理水平和护理质量服务。

3. 建设护理队伍　临床护理人员长期承担繁重的护理任务，面临着巨大的工作压力和精神压力，护理管理应本着以人为本的道德理念，关注护理人员身心健康，培养护理人员不断成长，改善护理人员队伍结构，促进护理事业健康发展。

4. 促进护理研究　护理研究是用科学的方法反复探索护理领域的问题，并用以直接或间接地指导护理实践的过程。护理管理包含了对护理研究的管理，应充分发挥护理管理道德的引领作用，支持促进护理研究发展。

> **重点提示**
>
> 具备良好素质的护理领导者才能更好地带领护理团队，调动广大护理人员的积极性，完成好各项护理任务。合格的护理管理者必须具备各方面的素质。

第二节　护理科研道德

护理科研是现代护理发展的重要组成部分。护理科研道德是在不断的护理科研实践过程中产生的一种社会意识。护理科研道德是实现科研目标的基础和灵魂，科研工作者只有具备高尚的护理科研道德，其学识才能得以充分发挥。

一、护理科研道德的含义及作用

(一) 护理科研道德的含义

护理科研是护理人员为反映和提示人体的健康、疾病及其防治中的本质和规律，就护理理论和实践而开展的护理科学领域的研究与探索，以此提高护理技术水平、促进人类健康、保证社会安定和繁荣。护理科研的基本任务是认识和揭示疾病的发生、发展和转归的过程，为制订护理方案提供有效措施和方法。

护理科研道德是护理科研工作者在参与临床医疗科研和护理科研中应遵循的道德准则和规范。

(二) 护理科研道德的作用

1. 引领护理科研健康发展　护理科研是发展现代护理科学的必经之路，是护理科研工作沿着健康轨道发展的重要保证。高尚的科研道德是确保护理科研成功的前提，崇高的护理科研道德引导研究者正确把握研究方向，坚持实事求是的科研作风，促进护理科研健康发展。

2. 推动护理科研团结协作　现代护理科研具有跨学科、多层次联合研究的突出特征，医学各学科之间，医学与其他学科之间相互交叉渗透，需要护理科研人员进行多部门、跨学科的共同参与和联合研究。因此，研究者要端正科研动机，正确评价自己及他人，取长补短、团结协作，共同完成护理科研任务。

3. 促进护理科研人才培养　良好的护理科研道德是将护理人员培养成护理科研工作者的基本保障。护理人员具有良好的科研道德，才能自觉地把为人类造福作为护理科研的宗旨和目标，从而提升开展护理科研的动力，增强开展护理科研的信心，最大限度地开发聪明才智，使护理工作者真正成为研究型护理人才。

4. 规范护理科研评价标准　随着现代医学不断发展，护理科研内容和手段不断丰富，面临着越来越多的伦理道德问题，护理科研道德评价标准的重要性更加显现。护理科研工作者须以科研道德为标准，先考虑科研成果的道德意义，再考虑科研成果的价值，时刻把患者的利益和社会利益放在首位，对科研成果给予正确客观的评价。

> **重点提示**
>
> 护理科研的基本任务是认识和揭示疾病的发生、发展和转归的过程，为制订护理方案提供有效措施和方法。

二、护理科研的道德规范

护理科研道德是科研质量的前提和保障。护理科研道德规范是科研成果的科学性、严谨性和实用性的基本保证。护理科研要达到预期的研究效果，在较好的专业技术基础上，必须遵循以下道德规范。

(一)淡泊名利，端正科研动机

目标和动机贯穿于护理科研始终，支配着护理科研工作者的科研行为。护理科研的根本目的是通过认识人体生命的本质，寻求增进健康、预防疾病、恢复健康、减轻痛苦的途径和方法，提高人类健康水平和生活质量。护理人员进行科学研究必须是以社会价值为出发点，为人类健康服务，不计得失为护理科研发展服务。

(二)实事求是，尊重医学科研

实事求是是科学研究必须遵循的基本道德准则。护理科研工作者在科研工作中要尊重科学、实事求是，以严肃的科学态度、严谨的工作作风深入探索，追求事物的本质和内涵，不可随意主观臆造，在科学研究中任何伪造或擅自篡改科研数据、资料，以及假报成果、抄袭剽窃他人成果等行为都是不道德的。

(三)团结协作，合理公平竞争

团结协作，合理公平竞争是护理科研道德的重要规范。护理科研人员要用科研道德来衡量和约束自己的研究行为，护理科研工作中的团结协作、互相尊重，有利于弥补个人的不足，促进个人优势的发挥。护理科研需要研究者遵守平等待人、团结互助、合理竞争、公平公正的原则，通过优势互补壮大科研力量，在合作的基础上公平竞争。

(四)善用成果，注重知识产权

护理科研成果的取得是个人和集体智慧的结晶，正确对待科研成果所带来的利益和荣誉是护理科研道德的重要准则，体现了医学和护理内在的道德本质，要求科研成果的运用以满足患者健康需要和防止产生危害为目的，为人类疾病和健康发展服务。同时，为保证科研成果的知识产权以及国家、集体和个人的利益，保证顺利完成研究任务，对所研究内容暂时保密是允许的,是符合科研道德的。

三、人体试验的道德规范

护理科研中的道德规范应遵循以下原则:

(一) 人体试验的含义及作用

1. **人体试验的含义** 人体试验是指以人体作为受试对象,用人为的实验手段,有控制地对受试者进行研究和考察的医学行为和过程。

2. **人体试验的作用** 人体试验是在动物实验之后,常规临床应用之前的中间环节。由于人与动物的差异性,决定了任何一种新技术、新药物经历动物实验等多种研究之后,必须经过一定的人体试验,证实无害或利大于害时才能正式推广使用。人体试验是医学发展的基础和前提,没有人体试验就没有医学今天的发展。

(二) 人体试验的道德规范

人体试验的道德规范应遵循以下原则:

1. **医学目的原则** 人体试验是以提高诊疗水平和护理质量,推动医学事业发展,促进人类健康为目的。医护人员在医学科研工作中开展人体试验前,必须严格审查其是否符合医学目的这一最高宗旨。符合医学目的的人体试验必须遵循以下原则。

2. **知情同意原则** 受试者在参与人体试验之前,对研究目的、方法、过程、预期效果和损伤程度、可能引起的不适或潜在的危险等都要有充分的了解,研究者不得有丝毫的隐瞒,使其在知情的基础上,自愿地表达同意接受或拒绝接受人体试验的意愿。在人体实验中应当尊重人的生命、健康、隐私与人格尊严,同时应保护弱者,如妇女、儿童、老年人和精神病患者。决不允许有任何诱骗或强迫,并且受试者可以随时拒绝或退出实验,但决不能因此影响对其原有的治疗和护理。

3. **维护受试者利益原则** 维护受试者利益原则也称有利无伤原则,是人体试验的前提。维护受试者利益原则,既包括维护受试者的生命健康、人格尊严及自主权利,同时要分享试验带来的经济利益,以及获得损伤的赔偿。

4. **实验科学性原则** 为确保试验结论的客观性,增强试验的可信度,科研人员必须要严格遵守实验科学性原则。即采用随机分组、设立对照及重复验证的方法,以确保试验结果的科学性。客观做出科学报告、提供准确数据,任何篡改数据、编造材料的做法都是不符合科学研究道德规范的行为。

5. **伦理审查原则** 伦理审查是保证人体试验符合伦理要求的必要条件。伦理审查委员会依据相关规定,对人体试验的设计、实施及结果进行全方位的伦理评判、审核、批准、指导和监控,从而确保受试者人权及健康安全。伦理审查委员会应由医学专家、生命伦理专家、法律专家、社会专家等在研究领域具有广泛的专业背景的专家组成。

讨论与思考

某地方医院仅有一台呼吸机,正用于颅脑外伤的老年患者陈大爷,该患者经确诊无康复可能,而且撤掉呼吸机将会死亡。同天,急诊收治了一名有望康复的年轻患者周先生,此时周先生急需呼吸机。请问医护人员应如何决策这台呼吸机的使用?为什么?

(章 颖)

第11章

护患沟通及护理纠纷的防范与处理

> **学习要点**
> 1. 护患沟通的技巧及提高患者满意度的途径
> 2. 护理冲突、护理纠纷及护理事故的含义
> 3. 诱发护理纠纷的原因
> 4.《侵权责任法》下预防医疗护理纠纷的伦理对策

> **案例分析**
> 患者王某,因高血压住院,遵医嘱输注硝普钠降压,护士为其调节好滴数准备离开时,患者看到液体滴得太慢就要求护士调快输液滴数,护士说了句"这不行"后就离开病房。后患者自行调快输液滴数导致低血压休克而抢救,家属对护士十分不满,提出投诉并要求索赔。
> **请分析**
> 运用护理伦理学知识分析诱发护患纠纷的原因及预防护理纠纷的道德要求。

随着人类社会的不断发展进步,人们生活水平、文化知识不断提高,卫生保健知识、法律意识进一步加强,护患关系中角色地位变化等诸多因素的影响,使医疗纠纷已成为当前社会热点问题之一。如何加强护患沟通,提高患者的满意度,处理好护患冲突、医疗护理纠纷和医疗护理事故等问题,是护士在工作中必须面对和解决的问题。因此在遵循法律法规、依法执业的同时,对医护工作者的道德素质和法律保护意识提出了更高的要求。

第一节 护患沟通及患者的满意度

护患沟通是指护士与患者及其亲属之间开展的信息交流。有效沟通是建立良好护患关系的前提,也是护理工作顺利开展的基础。患者满意度是患者在就医过程中所感受到的服务占他所期望得到的服务之间的比值,是医院分级管理中最重要的指标之一。因此,护士要学习沟

通的技巧及提高患者满意度的相关知识。

一、沟通过程的基本要素

完整的沟通过程一般由六个基本要素构成：

1. 沟通当时的情景 是指沟通的场所或环境、沟通的时间和沟通者的个人特征。
2. 信息的发出者 是指发出信息的人，也称信息的来源。
3. 信息 是指信息发出者要传达的思想、感情、意见和观点等。包括语言信息和非语言信息。
4. 信息的接收者 是指信息传递的对象，即接收信息的人。
5. 途径 是指信息由发出者传递给接收者所通过的渠道。
6. 反馈 是指信息由接收者返回到发出者的过程，有效的、及时的反馈是极为重要的。

二、影响护患沟通的因素

影响护患有效沟通的因素，概括起来有以下几点。

(一) 个人因素

包括信息的发出者和接收者。

1. 身体状况 沟通双方的任何一方有身体不适，如发热、疲劳、疼痛，或者有失语、耳聋等因素会影响沟通效果。
2. 情绪状态 当沟通双方或一方处于情绪不佳时，会影响信息的传送而导致沟通不畅。
3. 教育程度 沟通者的文化程度不同，对事物的理解和认识也不同。其次，年龄的差别也会影响沟通。
4. 社会背景 不同职业、民族、社会阶层的人由于生活、习惯的不同，表达其思想、感情和意见的方式也不一样，会造成很多误解。
5. 其他 沟通者的自我概念、个性特征、沟通技巧等均是影响沟通的重要因素。

(二) 环境因素

1. 物理环境 主要指沟通环境的舒适度，包括光线、温湿度、噪声等。
2. 社会环境 主要指环境的隐秘性和安全性。

(三) 沟通技巧因素

以下几种情况常阻碍着有效沟通的进行。

1. 改变话题 对于谈话内容中没有意义的部分，护士若很快地改变话题，会阻止患者说出有意义的事情，也会给患者一种护士不愿意听他说话的感觉。
2. 主观判断 当护士没有听清或没听明白患者的意图，而根据自己的理解随意下结论。患者可能以为护士不愿再交谈下去而停止叙述。
3. 虚假、不适当的安慰 会给患者一种敷衍了事的印象，如对肿瘤晚期的患者说"你一定会好的，别胡思乱想"。
4. 匆忙下结论或解答 一般情况下，患者很少在谈话之初就说出自己的重点，匆忙地回答患者会阻碍患者继续说下去，并使患者有不被理解、孤立的感觉。
5. 针对性不强的解释 当护士的解释与患者的感受不相符时，患者就觉得无法再交谈下去。

三、护患沟通的技巧

良好的沟通能起到事半功倍的效果,因此,护士要掌握护患沟通的技巧。

(一)语言沟通技巧

语言是传递信息的符号,包括所说的话和所写的字。语言沟通时要注意所用的符号应使发出者和接受者都能准确理解。

1. 称呼语得体 称呼语是护患沟通的起点。称呼得体,会给患者以良好的第一印象,为以后的交往打下互相尊重、互相信任的基础。在护患交流中,护士称呼患者的原则是:①根据患者身份、职业、年龄等具体情况因人而异;②避免直呼其名,尤其是初次见面时,直呼其名不礼貌;③不用床号代替称谓;④同患者谈到其配偶或家属时,适当用敬称,如"您夫人""您母亲",以示尊重。

2. 巧避讳语 对不便直说的话题或内容用委婉方式表达,如耳聋可说"听力不好";腿跛可说"腿脚不方便"。

3. 运用职业性用语 各行各业均有自己常用的职业性用语,医疗护理工作中常用的职业性用语包括以下几种。

(1)礼貌性语言:在护患沟通中,要时时处处注意尊重患者的人格,不伤害患者的自尊心,使用礼貌用语。

(2)安慰性语言:能让处在焦虑和不安中的患者感受到同情、得到宽心。安慰性语言会拉近护患双方的心理距离。

(3)保护性语言:能防止因语言不当引起不良的心理刺激,对不良预后不直接向患者透露,对患者的隐私要注意语言的保密性。

(4)鼓励性语言:能为患者提供心理支持,可调动其与疾病做斗争的勇气与信心。

(5)治疗性语言:是用开导性语言解除患者的顾虑,如某些诊断、检查的异常结果,向患者做好解释。

4. 注意口语的科学性、通俗化 科学性表现在客观、真实,能言准意达、自然坦诚地与患者交谈。同时注意口语中尽量避免医学术语,应用言简、通俗、易懂的语言。

(二)非语言沟通技巧

是指伴随着沟通的一些非语言性的行为,如手势、面部表情、身体姿势、倾听、抚摸、眼神交流和空间等。沟通中护士应注意非语言性行为的沟通技巧。

1. 手势 用手势配合口语,来提高表现力和感应性,是护理工作中常用的。如当患者在病室大声喧哗时,护士做示指压唇的手势凝视对方,要比以口语批评喧闹者更为有效。

2. 面部表情 据研究发现,沟通当中的信息表达=7%的语言+38%的声音+55%的面部表情。可见,面部表情在非语言交往中的重要作用。最常用的面部表情是微笑。护士常常面带欣然、坦诚的微笑,对患者极富有感染力。如当患者恐惧时,护士镇定、从容不迫的笑脸,能给患者以镇静和安全感;其次是眼神,眼睛是心灵的窗户,恰当地运用眼神,能调节护患双方的心理距离,如在巡视病房时,用眼神环视每位患者,患者能感到自己备受关怀,没有被冷落。

3. 姿态 能反映护士的职业修养和护理效应。如当患者在痛苦呻吟时,护士能主动靠近患者站立,微微欠身与其对话,并适当抚摸患者的躯体或为其擦去泪水,会给患者以体恤、宽慰的感受。

4. 倾听　倾听并不单纯是护士只听患者所说,而应"整个人"都参与进去,并且观察、了解患者的非语言行为所表达的信息。在倾听中要全神贯注、集中精力地注意听讲,避免注意力不集中的动作。

> **重点提示**
>
> 有效倾听要做到注意力集中,要有眼神交流,双方保持适当距离,倾听者要及时回应和适当鼓励,最后将对方所说的内容回述给对方,让对方明确你已理解他的意思。

四、提高患者满意度的途径

随着社会的进步,法制的健全,患者的自我保护意识和法律意识增强,医疗需求也不断提高,医护人员要满足患者的需求,提高患者满意度的途径有:

1. 业务技能水平过硬　患者到医院来是寻求健康帮助的,护士应具有满足患者医疗需要的能力,用自己所学的专业知识,帮助患者解决健康问题。
2. 服务质量好　良好的服务态度,安静、舒适的住院环境,有利于疾病的康复。
3. 建立患者及家属的信任感　要求医护人员要有严格的工作纪律,较高的职业素养,对患者一视同仁,具有博大仁爱的奉献精神,让患者及家属倍感信任。
4. 加强与患者及家属积极有效的沟通　有效沟通可以化解患者及家属的疑虑,消除紧张焦虑的情绪。沟通清楚了,意见分歧就少了,矛盾纠纷就少了,满意度就会提高。
5. 换位思考　护士要多站在患者的角度考虑问题,急患者之所急,想患者之所想。
6. 心理护理　加强心理护理,也是提高患者满意度的一个重要途径。

第二节　护患冲突、护理纠纷及护理事故

> **重点提示**
>
> 护患关系分3种类型:主动与被动型、指导与合作型、共同参与型。

一、护患冲突及其调适

冲突是指个体与个体之间、个体与群体之间存在的互不相容、互相排斥的一种矛盾表现形式,它意味着分歧、对抗、敌意、竞争、争吵、打斗等。护患沟通过程中会有冲突发生。

(一)护患冲突的含义

是指护患双方在护理过程中,为了自身的利益,对某些医疗护理行为、方法、态度及后果等存在认识、理解上的分歧,以致侵犯对方合法权益的矛盾状态。其核心问题是利益冲突。

(二)护患冲突的调适

护士是护患关系当中的主体,能否正确调适护患冲突,不仅反映护士的道德修养,也直接

影响护理质量的高低。对患者的尊重、理解和关心则是调适护患冲突的基本前提。

1. 增强角色意识　护士应以精湛的护理技术和优质的服务取信于患者,以患者为中心,尽量满足患者的期望和要求。患者也要增强患病角色意识,积极参与疾病的治疗与护理,护患共同实现治好疾病的愿望。

2. 促进角色互换　就是护患双方要换位思考,护士站在患者的角度,设身处地地为患者着想,了解患者的痛苦,理解患者的感受,体谅患者。患者也要理解护士的工作,积极配合治疗和护理,有利于建立和谐的护患关系。

3. 利用印象效应　当患者入院时,护士详细介绍医院的环境、规章制度以及患者的病情、治疗效果和预后信息等,会给患者留下良好的第一印象;再通过优质的护理服务、丰富的临床经验、全面的护理知识及娴熟的护理技术操作,使患者获得安全感,有利于良好护患关系的建立。

4. 语言规范化　护患沟通时,应注意应用礼貌性、安慰性、保护性、鼓励性、治疗性语言。语言要通俗易懂,尽量进行"开放式"交谈,增加护患双方交谈的信息量,避免使用刺激性语言、消极性语言,以免导致护患关系紧张。

二、诱发护理纠纷的原因及预防护理纠纷的道德要求

护理纠纷是指发生在医疗卫生、预防保健、医学美容等具有合法资质的医疗企事业法人或机构中,一方当事人认为另一方当事人在提供医疗护理服务或履行义务和约定义务时存在过失,造成实际损害后果,应当承担违约责任或侵权责任,但双方当事人对所争议的事实认识不同、互相争执、各执己见的情形。

(一)诱发护理纠纷的原因

1. 从护理人员方面看

(1)服务意识淡漠,不尊重患者:表现在护士在护理患者的过程中,对患者提出的问题和困难,有的不理不睬,有的语气生硬,面无表情,缺乏耐心;在进行导尿、灌肠等涉及暴露隐私的护理操作时,不注意保护隐私;在呼叫患者时以床号代替姓名等,这些行为与做法都会引起患者及家属的反感与不满。特别当治疗效果不明显,花费较高的患者,更易产生护理纠纷。

(2)责任心不强,违反规章制度和操作规程:有些护士责任心不强,工作态度不严谨,在工作中不能严格执行各项规章制度和技术操作规程,如未执行查对制度,用错药的情况;不按时巡视病房,延误治疗等,导致护理的纠纷发生。

(3)护患沟通不佳,宣传不到位:住院后患者角色发生改变,不同患者对护理要求也不尽相同。护士应运用沟通技巧,适时宣教,尽可能地满足患者的要求。如果护士不能进行有效沟通,常会导致误会而引起护理纠纷。

(4)专业知识不扎实,技术不精湛:护理学是一门实践型的应用学科,要求护士要有扎实的理论基础和娴熟的操作技能,如果护士的专业知识缺乏和操作不当,会给患者带来技术性风险,让患者及家属产生不信任,而导致纠纷发生。

(5)工作态度不严谨,缺乏慎独精神:个别护士工作中不严格执行"三查七对",过分自信,漠视护理制度和操作常规,常会导致用错药、剂量不对等,造成不良后果。单独值班时因工作繁忙,而简化某些操作制度和规程,也常会出错,导致护理纠纷。

2. 从患者方面看　现在,患者及家属对医疗服务的要求和期望值越来越高,对疾病的发

生、发展、转归认识不足,对护士的工作不理解,一旦不如心意,就易产生纠纷。特别是治疗效果差或死亡的患者,家属还会将不满发泄于医护人员身上。

(二)预防护理纠纷的道德要求

预防护理纠纷应采取综合措施,既要有法律的、经济的、制度的,更应有道德的要求。

1. *加强医学伦理道德教育*　加强医院管理人员和医疗护理人员的道德教育,是提高医疗护理质量、预防护理纠纷的重要措施。因此,医院管理者要为医院创造良好的医德环境,医疗护理人员要不断加强自身的道德修养,养成高尚的职业道德品格,对患者精心治疗、耐心护理,真正做到依法行医、科学救治。

2. *严格执行规章制度,依法预防*　减少护理纠纷关键在于预防,医院各类人员都有预防纠纷的责任。护士应将各个护理环节和程序都纳入制度化管理;护理管理者在执行规章制度时要公正无私,奖惩分明,使预防医疗护理纠纷成为医院护理管理的经常性工作。

3. *正视纠纷中的问题,妥善处理*　当出现护理纠纷时,首先要积极采取补救措施,把对患者和医院的损失控制在最低限度,不可采取推诿的、敷衍的或包庇的态度来处理;而对采取非法的、暴力的手段,干扰和破坏医院的工作秩序,企图经济上的额外补偿的情况,医院管理人员不应采取私了解决,要坚决依法进行处理,可请求司法支持和医院管理委员会的介入。对于已经发生的护理纠纷,同事间要从同情患者、帮助同事的角度出发,帮助分析问题、查找原因,不能幸灾乐祸、落井下石,或怂恿支持患者和家属闹事。

三、护理事故的概念及分类

(一)护理事故的概念

护理事故是指凡在护理工作中,由于不负责任,不遵守规章制度和技术操作规程,作风粗暴或业务不熟悉而给患者带来严重痛苦,造成残废或死亡等不良后果者。

> **重点提示**
>
> 护理事故的构成要件:①护理事故的责任主体必须是护理人员;②护理事故责任人必须有违法过失行为;③构成护理事故的行为必须是发生在护理工作中的行为;④护理人员的过失行为必须造成患者的身心损害;⑤过失行为和损害结果之间必须有直接因果关系。

(二)护理事故的分类

根据标准不同,护理事故有以下分类。

1. *根据对患者人身损害的程度不同,护理事故可分为3个等级*
(1)一级护理事故:由于护理人员的过失,直接造成患者死亡者。
(2)二级护理事故:促使患者死亡或造成残废者。
(3)三级护理事故:造成患者轻度残废或严重痛苦者。

2. *责任事故范围*
(1)责任心不强:护士工作不负责任,交接班时不认真,观察病情不够细致,不能及时发现病情变化,以致失去抢救机会,造成严重不良后果者。
(2)未执行各项制度:护士未执行查对制度,造成打错针、发错药等;观察、巡视不周到,发生严重烫伤或压疮,昏迷躁动患者或无陪伴的小儿坠床等,造成严重不良后果者。

(3) 未及时汇报：护士对治疗护理中的疑难问题，不请示汇报，主观臆断，擅自盲目处理，造成严重不良后果者。

(4) 物品准备、使用不当：护士延误抢救物资、药品的供应，使用未灭菌的器械、敷料、药品，或因无菌操作不严导致患者发生感染，造成严重不良后果者。

(5) 药物使用不当：护理人员不能熟练掌握医疗护理原则，滥用麻醉药品，造成严重不良后果者。

(6) 工作态度不严谨：如手术室护士点错纱布、器械，因而遗留在患者体腔或伤口内，造成严重不良后果者。

3. 技术事故范围　凡确因医疗卫生机构设备条件所限、技术水平低或医疗护理人员经验不足而导致上述不良后果者。

第三节　《侵权责任法》下的护理行为

> **重点提示**
>
> 2009年12月26日，《侵权责任法》经十一届全国人大常委会第十二次会议审议通过，并于2010年7月1日起实施。《侵权责任法》的通过，标志着中国法制化进程的加快，建设社会主义法治国家的目标得到进一步贯彻实施，标志着在民事侵权专门法的最终诞生，有利于更好维护公民合法权益，是中国法制化进程中的一件大事。

《侵权责任法》中的医疗损害责任是指医疗机构及医务人员在医疗过程中因过失，或者在法律规定的情况下，无论有无过失，造成患者人身伤害或者其他损害，应该承担的以损害赔偿为主要方式的侵权责任。

《侵权责任法》的颁发与实施，为相关机构和人员依法行医、依法维权、依法解决医患纷争提供了可靠的依据，将进一步推动护理工作的法制化和规范化，科学地指导护理安全的风险管理趋于制度化。

一、《侵权责任法》中有关护理安全的规定

1.《侵权责任法》第五十四条　患者在诊疗活动中受到损害，医疗机构及其医务人员有过错的，由医疗机构承担赔偿责任。

护理人员可能对患者造成的损害：护理人员未严格执行查对制度或违反操作流程，造成患者人身的伤害；病情观察不认真，未能及时发现病情变化而延误抢救、治疗时机，给患者造成不同程度的损害后果；未严格执行交接班制度、无菌技术操作，及对传染病患者未实施隔离等，造成患者损害后果。以上均应由医疗机构承担赔偿责任。

2.《侵权责任法》第五十五条　医务人员在诊疗活动中应当向患者说明病情和医疗措施。需要实施手术、特殊检查、特殊治疗的，医务人员应当及时向患者说明医疗风险、替代医疗方案等情况，并取得其书面同意；不宜向患者说明的，应当向患者的近亲属说明，并取得其书面同意。医务人员未尽到前款义务，造成患者损害的，医疗机构应当承担赔偿责任。

护理行为是具有双重性，有些护理行为一方面可帮助患者恢复健康，另一方面又会给患者

造成一定的痛苦和损害。如静脉输液可起到治疗效果,但穿刺疼痛是不可避免的。因此,在操作流程中应对患者进行有效沟通与告知,维护患者的知情权,选择权和隐私权等。例如:护理人员进行导尿术、使用约束带等护理措施都需经患者或家属同意,对于经多方解释仍不能接受的护理操作,应当遵守患者或家属的意见并以文字形式记录。

3.《侵权责任法》第五十八条　患者有损害,因下列情形之一的,推定医疗机构有过错:①违反法律、行政法规、规章以及其他有关诊疗规范的规定;②隐匿或者拒绝提供与纠纷有关的病历资料;③伪造、篡改或者销毁病历资料。

护理人员未严格执行交接班制度,未进行床头交接班;执行医嘱不严格,导致医嘱执行错误、延误、遗漏等;对一些特殊药物未按要求询问病史、交代注意事项,而造成患者发生不良反应;未做好患者的安全防护,出现压疮、坠床、磕伤、碰伤、摔伤及肢体功能障碍等;未按患者要求提供相关的病案资料复印;因各种原因对现有的病案资料进行伪造、篡改或销毁。以上事件均推定医疗机构有过错。

4.《侵权责任法》第六十一条　医疗机构及其医务人员应当按照规定填写并妥善保管住院志、医嘱单、检验报告、手术及麻醉记录、病理资料、护理记录、医疗费用等病历资料。患者要求查阅、复制前款规定的病历资料的,医疗机构应当提供。

医疗机构不能提供患者要求查阅、复制的病案资料;病程记录不规范,时间模糊;医、护记录不相符等,均推定医疗机构过错。

5.《侵权责任法》第六十二条　医疗机构及其医务人员应当对患者的隐私保密。泄露患者隐私或者未经患者同意公开其病历资料,造成患者损害的,应当承担侵权责任。

医护人员侵犯患者的隐私权包括:随意谈论患者隐私而造成隐私扩散;操作过程中未保护患者隐私部位;管理不善泄露患者病历资料导致隐私扩散。因以上原因造成患者损害,医护人员要承担侵权责任。

二、在《侵权责任法》下预防医疗护理纠纷的伦理对策

在《侵权责任法》下预防医疗护理纠纷的伦理对策包括:

(一) 加大宣传教育力度,严格规范医疗护理行为

1. 严格制度管理,规范医护行为　医院通过不断健全和完善医疗、护理工作制度,加大处罚力度,建立反馈渠道和制约机制,督促各科室严格遵守诊疗护理操作规范、常规和各项规章制度。同时,要及时检查科室各项规章制度、医护质量、劳动纪律、服务态度等方面的落实情况。

2. 重视护理记录书写,提高护理质量　护理记录书写要规范、及时、准确。应采用医学专业用语,用词严谨,要客观、准确、真实地反映患者的情况,既不要夸大事实,也不要轻描淡写。应避免使用不规范的非医学词汇。护理记录及原始记录的归档、保留、处理要有详细规定,专人管理,定期抽查。对容易发生护理纠纷的环节应加强管理,要尊重患者的知情同意权,如对洗胃、注射狂犬免疫球蛋白等会损伤患者或可能发生意外的操作要签署知情同意书,患者同意并签名后才能进行。患者和执行护士共同签署的原始证据要保留,建立输液巡视卡、翻身卡、输液卡、各种患者的登记、护理患者的交接记录、输液单等,完善护理记录与签名。

3. 重视护士的合法身份　没有执业资格证的护士,不能上岗。做好护士的上岗前的培训,增强护士的法律意识和自我保护。尤其急诊科护士,必须进行一定的培训,考核通过才能

独立工作,宜采用高年资护士带低年资护士的工作方法,加强低年资护士的业务培训、操作技能的提高,严格聘用符合从事医疗护理工作的人员,明确职责分工和角色定位。

4. **适应医疗体制改革,积极开展循证医学** 循证医学强调,将"慎重、准确和明确地应用当前所能获得的最佳临床研究证据""医护人员个人的专业知识技能和临床经验"和"患者的价值和愿望"三者完美地结合。因此护理人员要主动与患者沟通,以亲切的态度、周到的服务,多与患者及家属交流,让患者自觉参与到诊治过程中来。

5. **提高护理人员的综合素质** 护士不仅要有扎实的理论基础,还要有精湛娴熟的护理操作技术。在护理患者的过程中,要严格遵守规章制度和操作规程,自觉履行各种制度和职责,确保医疗护理质量。同时,护士还应有主动服务的意识,在各级服务范围内尽职尽责,以良好的服务态度和同情心护理每一位患者,对患者提出的需求耐心解决。

(二)加强护士的法律意识

> **重点提示**
>
> 《医疗事故处理条例》的实施及2010年7月1日《侵权责任法》的实施,使医疗纠纷的处理有章可循。在《侵权责任法》第七章"医疗损害责任"中,从第五十四条到第六十四条对医疗工作中的相关问题作了明确说明和指引。

护士要转变观念,加强相关法律、法规及部门规章制度的学习和培训,提高护理人员法律意识及自我保护意识,规范护理行为,护士只有学法、知法、懂法才能依法、用法。《侵权责任法》实施后,护理人员将有更多、更大的责任。明确护士在实际工作中的潜在性法律问题,执业过程中认真履行职责的同时,也要维护和尊重患者的权利,从而使护理人员从被动接受安全管理的监督转变为自觉遵守和维护的良性循环。

讨论与思考

护士小王为患者做注射治疗时,患者告诉护士他住院后还没有注射过,护士没有核实,并很不耐烦地对患者说,可能医师新开的,同时也未认真执行查对制度,将1床的青霉素注射给了2床患者。幸运的是,患者注射后,没有发生过敏性休克等明显症状,但患者发现错打了一针后,就找护士理论而产生纠纷。

请分析为何会出现护理纠纷?主要责任人在谁?

(任 静)

第12章

护理道德评价、教育和修养

> **学习要点**
> 1. 护理道德评价的标准与方式
> 2. 护理道德教育的过程及方法
> 3. 护理道德修养的途径

> **案例分析**
> 患者张大爷因脑出血住院治疗两个月余,现准备出院。他因脑出血后遗症,需要长期使用鼻饲管,但其家属不懂如何使用,非常焦急。脑外科的王护士看到后,主动提出到老人家帮助护理。半年后,王护士因家人生病需要照护,她的同事李护士、张护士知道后,就陆续接替她,按时到老人家里进行护理和康复治疗。几年来,老人的家属也学会了怎样使用鼻饲管和简单的康复锻炼方法。张大爷的身体也一天天地好了起来。
> 请分析
> 对这几位护理人员的护理道德行为和道德境界进行评价。

第一节 护理道德评价

护理道德评价是护理道德活动的重要组成部分。它对于护理人员道德品质的培养、提高护理道德水平和发展护理事业有着重要意义。

一、护理道德评价的含义及其作用

(一)护理道德评价的含义

护理道德评价是指在护理实践中,人们以及护理人员对护理行为和护理活动的道德价值所做出的评判。护理道德评价有两种形式:一是指社会或同行对护理行为和活动的评价;二是指护理人员的自我评价。

在护理实践活动中,人们总是按照一定的护理道德原则、规范去评价自己或他人的行为,批评和谴责不道德的思想和行为,支持和赞赏高尚的道德思想和行为。护理道德评价是护理行为的"监视器",是调节护理人际关系的"调节器",对促进护理道德原则、规范转化为护理人员的实际行动,以及培养高素质的护理队伍有着重要的意义。

(二)护理道德评价的作用

1. 对护理行为善恶的评判作用　护理道德评价通过批评、谴责等方式,达到约束和控制护理行为的作用。护士依据护理道德标准,明确各种护理行为道德和不道德的界限,有助于护士做出正确判断,协调医疗活动中的人际关系,形成良好的医德医风。

2. 对护理人员的教育作用　通过评价可以使护士的道德责任更加明确,并能说明衡量护理行为善恶的标准,能正确选择道德行为。护理道德评价可以引起护理人员良心自省,产生光荣与耻辱、义与不义的护理道德情感,促使其调整自己的行为,逐步培养高尚的护理道德品质。

3. 有助于解析医学道德难题　随着社会科学和医学科学的发展,出现了诸多的"社会医学问题"和医学伦理难题,如"安乐死""克隆人"等。只有在进步的医德观念指导下,通过护理道德评价,可以明辨是非,做出符合人民利益的正确评价。

二、护理道德评价的标准和依据

(一)护理道德评价的标准

护理道德评价的标准是善与恶,是指衡量护士行为善恶及其社会效果优劣的尺度。符合要求的就是善的,反之,就是恶的。

护理道德评价的客观标准有以下几个方面。

1. *护理行为是否有利于患者的健康利益*　这是评价临床护理行为的主要标准。

2. *护理行为是否有利于人类生存环境的保护和改善*　随着医学模式的转变,护理服务的范围不断扩大,护理关注的是整个人类健康。因此,护士不仅要将患者的利益与他人的利益、社会和人类发展的整体利益统一起来,在保障服务对象利益的同时,还要保护和改善人类生存的环境。

3. *护理行为是否有利于医学和护理学的发展*　需要护士积极开展护理科学研究,凡事有利于患者恢复健康、减轻痛苦,有利于医学和护理学进步的就是善的行为,反之则是不道德的。

(二)护理道德评价的依据

护士的行为总是在一定动机、目的支配下采取相应手段进行的,并产生一定的行为效果。因此,动机与效果、目的与手段就是护理道德评价的依据。

1. *动机与效果*　动机是指护理人员自觉实行某一行为之前的主观愿望或意向。效果是指护理人员行为所产生的客观后果。评价护理行为时,必须从效果上来检验动机,从动机上看效果,并把动机与效果统一到实践中做出具体分析。

动机与效果相统一,是护理道德评价的重要依据之一。一般来说,护理人员好的动机产生好的结果,坏的动机产生坏的结果。把动机与效果统一起来,很容易对护理行为做出客观、公正的评价。但由于护理行为受多方面因素的影响和制约,有时动机与效果会不一致,甚至出现矛盾,好的动机不一定会得到好的结果,不良的动机可能"阴差阳错"而出现好的效果。这就需要将动机与效果联系起来分析,切不可简单地以效果来判断动机,也不能以动机代替效果。当良好的动机产生坏的效果时,就要客观地分析产生坏效果的原因,避免简单地以效果否定动机的片面性。同样,当不良动机产生好的效果时,就要联系动机分析效果,对这种效果做出公正的评价。好的动机产生坏的效果,可以在以后实践中总结经验,不断改进,最终达到动机与效果的统一。坏的动机产生好的效果,也可以在以后的实践中得到澄清和验证,从而使动机与效果统一起来。总之,评价护理人员动机与效果的道德是非,要坚持动机与效果的辨证统一。

2. 目的与手段　目的是指护理人员经过自己的努力后期望达到的目标。手段是指护理人员为达到这一目标所采取的措施、方法和途径。目的规定手段,手段服从目的,二者相互制约、相互联系,目的与手段的统一是护理道德评价的另一主要依据,应遵循以下五项原则:①有效性原则,即护士所选用的护理手段应经过实践检验,证明对患者是有效的。②一致性原则,即护士选用的护理手段与治疗目的相一致。③最优原则,即护士选用的护理手段必须是最优的。最优的护理手段是指在当时、当地的护理设备和技术条件允许下,痛苦小、花费少、安全性高、效果好的手段。④知情同意原则,指护士所采取的护理方案,包括护理手段、护理措施以及预后情况等,要告知患者或家属,并征得同意。⑤社会原则,即护士选用的护理手段必须考虑社会效果,权衡患者个人利益和社会利益,当二者出现矛盾时,患者利益服从社会利益,做到既对患者个人利益负责,更要对社会整体利益负责。

三、护理伦理道德评价的方式

护理道德评价的方式可分为社会评价和自我评价。社会评价是指社会舆论和传统习俗,是一种客观评价力量;自我评价是指个人的内心信念,是一种主观评价力量。

(一) 社会舆论

社会舆论是公众对护理现象和行为所持有的态度、发表的议论、意见和看法,以及情感的褒贬。它是公众通过某种传播媒介对护理行为施加精神影响,从而达到调控和评价护理行为的一种方式。

> **重点提示**
>
> 社会舆论有正式和非正式2种:正式的即自上而下的社会舆论,如国家的报纸、电台、电视、网络等,非正式的即自下而上的社会舆论,是人们依据一定的道德观念、道德原则或传统习惯而自发形成的舆论。

(二) 传统习俗

传统习俗是人们在长期的社会生活过程中逐渐形成和沿袭下来的习以为常的行为倾向、行为规范和道德风尚。它在护理道德评价中的功能表现为:它是评价护理行为道德价值最初、最起码的标准,也是护理道德评价的外在形式。传统习俗并不都是健康的,因此,对传统习俗要作具体分析,以区别良莠,充分发挥其在护理道德评价中的积极作用。

(三) 内心信念

内心信念是人们根据一定社会的道德原则、规范形成的对某种道德观念、道德理想的真挚信仰。一个人的内心信念包括正义感、善恶感、责任感、义务感、荣誉感、尊严感等自我意识。内心信念具有稳定性、深刻性和约束性3个显著特点。内心信念在护理道德评价中的作用是通过职业良心来发挥的。护士在一定的内心信念影响下,会为自己履行了某种道德义务而感到精神愉悦、心安理得或问心无愧;而当自己做了不符合道德的行为时,就会感到内心的自我谴责、羞愧不安。由于内心信念是发自内心的自我评价的动力,它以理智为前提,不仅具有自觉性的特点,而且对自己的行为具有道德的内控作用。它可以激励人们按照自己的善恶观念去支配自己的行为,避免不道德行为的产生。

护理道德评价的3种方式不是独立存在的,而是相互制约、相辅相成的。社会舆论是现实的力量,具有广泛性;传统习俗是历史的力量,具有持久性;内心信念是自我的力量,具有深刻性。3种评价形式的相互渗透、相互补充,才能使护理道德评价更好地发挥作用。

第二节 护理道德教育

要成为一名优秀的护士,就要将护理道德原则和规范内化为自身的道德信念并付诸实践,这离不开护理道德教育。有组织、有计划地开展护理道德教育,不仅有利于培养合格的护士,也有利于护理职业道德的建设,更有利于促进护理科学的发展。

一、护理道德教育的含义和特点

(一)护理道德教育的含义

护理道德教育是指护理教育者根据一定的道德原则、规范的要求,对护士施以有目的、有组织、有计划的、系统的道德影响的活动。其目的在于对护士的品格进行陶冶,提高道德认识,并把护理道德理论、原则和规范转化为其内心信念,形成正确的道德观念和稳定的道德责任感,在护理工作中践行护理道德行为,履行护理道德义务,培养护理道德品质。

> **重点提示**
>
> 道德教育:对受教育者有目的地施以道德影响的活动。内容包括提高道德觉悟和认识,陶冶道德情感,锻炼道德意志,树立道德信念,培养道德品质,养成道德习惯。

(二)护理道德教育的特点

1. **专业性** 护理道德教育的内容和方式都应与护理专业紧密相连,体现护理专业的特点。把护理道德教育融化于护理实践当中,解决具体的护理道德问题,才能取得良好的教育效果。

2. **综合性** 护理道德教育是对护理人员道德认识、情感、意志、信念和行为习惯等诸要素进行综合培养、全面提高的过程,即通过护理道德教育,使受教育者在"知、情、意、行"几个环节得到综合的、全面的发展。

3. **长期性** 护理道德教育是一个长期的过程,尤其在当今社会,护士的道德思想、意识和行为受到多种因素的影响,护士道德品质的形成与提高非朝夕之功。因此,护理道德教育要遵循循序渐进、逐步完善的规律,积小善成大德,汇细流成江海,这是一个长期的过程。

4. **实践性** 护理道德教育必须联系护理实践,引导护理人员,践行护理道德义务,正确处理护理实践中的各种伦理道德问题,能在各种复杂的道德情景中正确做出是非、善恶的判断和抉择,采取正确的道德行为。

二、护理道德教育的过程

护理道德教育的过程是指护士接受护理道德教育影响,转化为个体意识,并把这些个体意识转化为行为习惯的过程。其包含 5 个环节,即护理道德认识、情感、意志、信念及行为和习惯。每一环节在护理道德教育中的意义都是非常重要的。

(一) 提高护理道德认识

护理道德认识是护士对护理道德的原则、规范和范畴的感知、理解和接受。只有正确的护理道德认识,才能形成良好的护理道德行为和习惯。通过护理道德认识,可帮助护士正确了解社会主义护理道德原则和规范,提高他们判断是与非、善与恶、美与丑、荣与辱的能力。提高道德认识是护理道德教育的首要环节。

(二) 培养护理道德情感

护理道德情感是指护士在护理道德活动中,对护理道德关系和护理道德行为的内心感受及其态度的体验。具体地说是对护理事业及患者所产生的爱慕、憎恨、喜好、欣慰、厌恶、痛苦等内心体验,它是在提高道德认识的基础上,形成和发展起来的一种高级情感。良好的护理道德情感一旦形成,护士必然会在工作中表现出高度的爱心,做到急患者之所急、痛患者之所痛,甚至为了患者不惜牺牲个人的一切。通过这个环节,帮助护士真正树立救死扶伤的医学人道主义精神,激发护士的责任感与事业心。培养护理道德情感是提高护理道德水平的重要环节。

(三) 锻炼护理道德意志

护理道德意志是指护士选择护理道德行为的决断能力和履行护理道德义务中自觉地克服困难和障碍的毅力,其表现在自觉的、有目的的行动中。在护理实践中,护士经常会遇到许多意想不到的困难和挫折,只有有坚强的毅力,才能做到不畏艰险、知难而进。通过锻炼护理道德意志,可以不断增强护士承受挫折和战胜困难的能力。因此,这一环节是护理道德认识、护理道德情感转化为护理道德行为的关键环节。

(四) 树立护理道德信念

护理道德信念是护士根据护理道德认识、情感、意志而确立起来的对护理道德原则、规范坚定不移的信念和追求,是护理道德品质构成的核心要素。护士一旦牢固地树立了社会主义的护理道德信念,就能自觉地、坚定不移地依照自己确定的信念来选择自己的护理道德行为,并能依据自己确定的信念,来鉴别自己和别人行为的善恶是非。树立护理道德信念是护理道德教育的中心环节。

(五) 养成良好的护理道德行为和习惯

护理道德行为是指护士护理道德认识、情感、意志和信念的支配下所形成的一种经常的、自然而然的行为习惯,是护理道德品质的外在表现。培养护理道德行为和习惯是护理道德教育的最终目标,护理道德行为和习惯是衡量护士道德水平高低和品质好坏的客观标志。

综上所述,护理道德教育的过程就是晓之以理、动之以情、炼之以志、笃之以念、导之以行的综合动态的过程。通过护理道德教育,可使护士的护理道德得以提升,护理情操得以陶冶。

三、护理道德教育的方法

护理道德教育的方法是指运用多种有效的教育措施或形式,实施护理道德教育的方法。科学的护理道德教育方法能使护士道德品质的形成和完善。比较常用的方法有以下几种。

(一)理论学习与实践锻炼相结合

组织在校学习护理专业的学生或护士,通过课堂讲授的形式,集中学习护理道德的基本理论、原则和规范,这是进行护理道德教育最基本、最主要的方法。集中学习的形式很多,既可以通过课堂教育,向受教育者系统传授护理道德方面的理论,也可以采用观看电教片,进行案例分析、开展演讲比赛、组织参观访问等形式,使受教育者获得护理道德方面的知识。要加强护士对护理道德知识的理解,提高护理道德认识,离不开护理工作的实践。受教育者只有通过亲身实践的锻炼和体验,才能更深刻地理解和掌握护理道德的知识,更自觉地履行护理道德的义务。因此,学习护理道德知识与参加护理实践锻炼,是护理道德教育不可缺的两个方面,应有机地结合起来。

(二)榜样引导与舆论宣传相结合

榜样和先进典型反映一个时代的道德要求和所追求的较高水准。榜样好似一面旗帜,其先进的事迹可使人们在精神上受到激励和鼓舞,成为学习和效仿的对象。榜样的形象具有说服力、感染力和号召力,具有鲜明的示范、激励和导向作用。运用古今中外护理道德高尚的人物、事例,作为实施护理道德教育的活的教材,引导受教育者把榜样作为一面镜子,经常对照自己的言行,鞭策自己向榜样看齐。同时,运用医院的舆论宣传工具,并结合社会舆论宣传的力量,"扶正压邪""抑恶扬善",对良好护理道德的形成起到导向和鞭策作用。

(三)个人表率与集体影响相结合

护理道德教育,要求教育者的理论讲授要科学、正确,要身体力行,言传身教。从某个层面来说,教育对象的品质、行为和情操,是教育者本身力量的显示。因此,教育者要发挥个人表率作用,为人师表,严于律己,才能取得良好的教育效果。护理道德教育,也要重视集体影响,发挥集体的力量。一所医院、一个科室都是一个集体,集体中每个成员既是教育者,又是受教育者。每个成员的言和行都可能影响到他人,其思想道德品质的优劣也会相互影响。简单说,一个人在优秀的集体之中,必然受到良好的道德感染和熏陶。相反,一个正气不足或缺乏正能量的集体,其成员也必然受到不良的道德影响。因此,护理道德教育也要重视集体影响的作用。

第三节 护理道德修养

护士的道德品质是逐步地学习培养而形成的,是护理道德修养的结果。护理道德修养是指护士在职业活动中,思想意识和道德品质方面的自我锻炼和自我改造的过程,是对照护理道德的基本原则、规范和范畴,进行反省、自查,在实践中不断提高自己的道德水平,形成的护理道德情操和境界。

一、护理道德修养的意义

护理道德修养有两层含义:一是修养的行为过程,二是行为后达到的境界。前者是指护士为培养护理道德品质所进行的自我教育、自我提高的行为过程,后者是指护士经过学习和实践,陶冶与磨砺所形成的道德情操和所达到的道德境界。加强护理道德修养对于提高护理道德品质、护理质量和护理事业的发展具有重要意义。

(一)有助于形成良好的护理道德品质

护士职业道德品质的形成是一个逐步形成的过程。护理道德教育是护士道德品质形成的外在因素,会受到时间、资源等条件的影响。而护理道德修养可以随时随地进行,护士可以随时内省自己的行为是否符合护理道德的要求,从而不断提高自己的道德素质,提高辨别是非、善恶的能力,达到更高的道德境界。

(二)有利于提高护理质量

道德品质高尚的护士,在护理工作中,会表现出高度的责任感和使命感,会用心去护理每一位患者,仔细观察病情,详细做好护理记录,全身心地为患者服务,甚至不惜牺牲自己的利益。而护理道德修养较差的护士,在护理工作中,很可能会表现出漠视患者,缺乏同情心,工作不负责任,甚至贻误患者的救治时机,危及患者的生命。因此,护士全面素质的高低,决定了护理质量的好坏。护士只有加强道德修养,才能提高护理质量,才能更好地为人类健康服务。

(三)有利于形成良好的护理道德作风

护士如果都能自觉进行道德修养,养成良好的护理道德品质,那么在整个护理领域,就会形成优良的护理道德作风。同时,护理职业是社会的一个窗口行业,是社会主义道德风尚的传播者。和谐的护际关系是和谐社会的组成部分。当患者在医院接受护理服务时,感受到护理道德修养所带来的温暖和真情,就会深深受到教育、熏陶和感染。这种高尚的道德作风就会辐射到社会,带动全社会成员提高道德水平,进而推动社会主义精神文明建设。

二、护理道德修养的途径

护士要具备良好的护理道德修养,就要掌握科学的方法。护理道德修养的具体途径概括为以下几点。

(一)学习求知

人的道德修养是与学习分不开的。一方面,护士要学习科学的思想理论知识,特别是护理伦理学理论,并将理论知识转化为个人的思想觉悟和品德,提高善恶、是非、荣辱观念,保证自己护理道德行为的正确性。另一方面,护士要学习相关科学文化知识,特别是护理科学知识和人文知识,提高自身的基本素质,并在实践中锻炼和提高自己观察问题和处理问题的能力。

(二)躬行实践

护理道德修养体现在护理实践中,是理论与实践的统一,要学以致用、身体力行。护士学习和掌握了护理伦理学知识之后,应当紧密联系于社会和护理工作中,对自己的言行经常反思,及时发现自己的道德缺陷及不足,并加以弥补、纠正,认清自己的道德差距并予以缩小和完善。只有这样才能真正理解护理道德的内涵,培养发自内心的护理道德情感。

(三)持之以恒

护理道德修养贯穿于护士职业生涯的始终,其内容也会随着社会科学和护理科学的发展而不断发展变化,道德修养对于护士而言是永无止境的。要形成良好的护理道德品质,需要护士坚持不懈、持之以恒地提升护理道德修养,特别是在遇到困难和阻力时,如果护士回避矛盾绕道走,即使具有良好的道德品质,其优秀品质也会随着时光的流逝而逐渐淡化;而只有以坚韧不拔的毅力和持之以恒的信心坚持不渝,才能提高良好的护理道德品质。

(四)力行"慎独"

"慎独"是护理道德修养的最高标准和目标,是指一个人在独处时,仍能坚持道德信念,按照道德规则行事。护士要做到"慎独"是极不容易的,需要经过一个由不自觉到完全自觉的过程。首先,护士要牢记自己的职责,把患者的利益放在第一位,在工作中严格遵守各项规章制度,技术操作准确无误、精益求精。其次,护士要加强自律,认真、谨慎地对待护理工作,及时、准确地完成各项治疗护理措施,使患者得到最佳的护理和优质的服务。一名护士若达到"慎独"的境界,就能自觉地按照高尚的护理道德理念,自我克制、谨慎不苟地去为患者服务,不做任何不利于患者的事,即使发生了一些小的失误或存在一些缺点,也会受到良心的谴责,自觉地予以纠正和改进,在自己的工作岗位上,不断向崇高的道德境界攀登。

> **重点提示**
>
> 我国目前护理道德修养的4个境界:①自私自利,损公肥私;②先私后公,公私兼顾;③先公后私,先人后己;④毫不利己,专门利人。

三、护理人员修养至善至美

护士的道德修养,除了上述的内在要求之外,还要注意外在的仪表和言行修养。患者对护士的道德评价,主要是通过其仪表和言行的修养水平来进行的,因此,护士在不断提高内在道德修养的同时,还应该加强外在仪表和言行的修养,使之达到至善至美。

(一)仪表修养

仪表是指人的风度、姿态和服饰,护士的仪表仪容给患者的印象和影响非常大。优秀的护士的仪表应该是自然大方、健康、文雅、庄重、衣着得体、整洁,与工作环境和谐统一,给人以纯洁、朴实之感;发式简洁,妆容淡雅,不浓妆艳抹,给人以端庄稳重之感。

(二)语言修养

语言是人与人之间进行感情和信息交流的工具。它能迅速地将信息传递给对方。护士的语言可以帮助患者恢复健康,也可能会给患者带来身心伤害。因此,护士在工作中要不断加强语言修养和训练。比如,护士的声音要轻、要温和、要有情感性,但不可过于矫揉造作,给患者以不舒服的感觉。护士在语言上要使用符合礼仪要求的礼貌性用语,言简易懂的语言等。交流中过多使用专业术语、说话含糊其词、表情冷漠、语速太快或太慢、态度不坦诚等都是护士的语言禁忌。

> **重点提示**
>
> 符合礼仪要求的日常护理用语有:招呼用语、介绍用语、电话用语、安慰用语、迎送用语和征询用语等。

(三)行为举止修养

护士的行为举止包括表情、动作、姿势、态度和气质等。镇定自如、微露笑容的表情会给患者带来乐观、愉悦的心情,增强其战胜病魔的信心。表情的两要素是目光和笑容。护士的目光应该是亲切、和蔼、有神的;护士的笑容是真诚的、发自内心的。护士坦然的目光和真诚的笑容会让患者感到亲切,消除紧张感和不安,同时也会赢得患者的尊重,最终达到良好的护理效果。

护士的动作要求娴熟、灵活、轻柔,尤其在执行各项护理技能操作中。因此护士要熟练掌握各项护理技能操作。

护士的姿势包括站姿、坐姿和走姿。要严格按照护理礼仪的要求加强训练,使其成为自觉的行为习惯,工作中保持端庄、稳重、灵敏的护理姿势。

护士的态度是患者评价护理服务质量的一个重要标志,护士在工作中,无论在什么情况下,无论心情如何,身体有多劳累,都要以温和的态度,耐心、细致、热情地为患者服务。

护士的气质是修养程度的综合体现,一个机智敏捷、热情开朗、精神饱满、温和文雅、宽容大度的护士会使患者受到精神鼓舞,增强恢复健康的信心和决心。

所以,护士要严格地按照护理道德原则、职业规范及护理技能的要求加强修养,不断学习提高自己,逐步使其内化并变为自觉的行动,进而使护士的道德修养、仪表修养和言行举止修养更加至善至美。

讨论与思考

重症监护室收来一名急诊颅脑外伤手术后的患者,夜班护士小刘认真仔细监护患者,随时监测生命体征,应对病情的随时变化,以提高抢救的成功率为目标。在凌晨4时,小刘突然发现患者呼吸急促,达到36次/分,脉搏细而弱,血压监测为60/50mmHg,双侧瞳孔不等大,预测疾病可能恶化,故一边迅速向值班医师报告,一边为患者打开呼吸机,做好急救的一切准备。

请对护士刘某的行为进行道德评价。

(任　静)

附录 A 国际护士协会护士职业道德准则

1953年,国际护士协会(ICN)首次采用国际护士职业道德准则,其间已经多次修订,本准则为2000修订的最新版本。

一、前　　言

护士4项基本职责:促进健康、预防疾病、恢复健康和减轻痛苦。

护理需要是全球性的。

护理的本质就是尊重人权,包括生存权、享受个人尊严及受尊重的权利。

护理不因年龄、肤色、宗教、文化、残障或疾患、性别、国藉、政治、种族或社会地位而受限制。

护士为个人、家庭及社区提供健康服务,并与相关团体互相协作提供服务。

道德准则:国际护士协会护士职业道德准则由四项基本原则组成,是护士行为的职业道德标准。

二、准 则 内 容

1. 护士与民众

护士之基本责任是照顾那些需要照顾的民众。

护士在提供护理时,要推动建立一个尊重个人、家庭及社会人权、价值观、风俗习惯及信仰的护理环境。

护士确保个人获得作出同意护理及相关治疗决定时所需的足够信息。

护士应对个人资料保密,并判断可否分享资料。

护士与社会共同承担责任,采取并支持行动,满足公众特别是弱势群体的健康及社会需要。

护士分担责任,维持和保护自然环境,使其不致枯竭、免受污染、退化或破坏。

2. 护士与实践

护士承担护理操作的个人义务与责任的护士,有义务和责任通过不断学习保持自己的专业能力。

护士要保持个人健康,确保护理能力不受损害。

护士根据个人能力接受或授权责任。

护士时刻保持良好的专业形象,增强公众信任。

护士在护理时确保先进科技的应用符合民众的安全、尊严和权利需要。

3. 护士与专业

护士是决定和实施公认的临床护理、管理、科研和教育标准的主导者。

护士要积极建立以科研为基础的专业知识体系。

护士通过专业团体参与建立和维护护理领域公平的社会和经济工作条件。

4. 护士与合作者

护士与护理及其他领域的合作者保持合作关系。当护理受到合作者或其他人危害时，护士要采取适当行动保护护理对象。

ICN 护士职业道德准则实施建议

国际护士协会护士职业道德准则是根据社会价值和需要制订的行动指南。它只有在不断变化的社会中、通过护理及健康保健现实环境的实际应用，才能发挥它的作用。要达到这一目的，护士必须理解、接受准则，并将其应用到各项护理工作中。准则必须贯穿于学生及护士的学习和工作生活中。

ICN 护士职业道德准则的应用

学习准则各要素的相关标准。思考每项标准的意义，考虑如何将准则应用于护理领域中：实践、教育、科研或管理。与合作者和其他人讨论准则。以特定经历为例，认识职业道德所面临的困境及准则规定的行为标准，找出摆脱困境的可能方法。通过小组讨论澄清职业道德决策，达成职业行为标准共识。与本国护士协会、合作者及他人合作，在护理实践、教育管理及科研中不断应用护理职业道德标准。

ICN 护士职业道德准则的传播

国际护士协会护士职业道德准则必须为护士所熟知以发挥作用。我们鼓励向护理学校、执业护士、护理新闻机构及其他大众传媒传播准则。准则还应向其他保健界人士、普通大众、消费者、决策机构、人权组织以及护士雇主进行传播。

词语解释

合作关系——在平等、互利及特定目标行为基础上建立的专业关系。

合作者——其他护士及其他保健和非保健相关工作人员及专业人士。

护士与社会——护士作为保健专业人士和普通公民，制定和支持适当的措施以满足公众的健康和社会需要。

个人健康——护士的心理、生理、社会和精神健康。

个人信息——在职业接触中获得、属于个人或家庭私有的信息，一旦泄露，就可能违反个人或家庭的隐私权，给其带来麻烦、困扰或伤害。

相关群体——向个人、家庭或社会提供服务，共同为预期目标而努力的其他护士、健康护理人员及其他专业人士。

附录B 护士伦理学国际法

（国际护士协会在1953年7月的国际护士会议,通过了护士伦理学国际法,1965年6月,在德国福兰克福大议会修订并采纳。）

护士护理患者,担负着建立有助于康复的、物理的、社会的和精神的环境,并着重用教授和示范的方法预防疾病,促进健康。他们为个人、家庭和居民提供保健服务,并与其他保健行业协作。

为人类服务是护士的首要职能,也是护士职业存在的理由。护理服务的需要是全人类性的。职业性护理服务以人类的需要为基础,所以不受对国籍、种族、信仰、肤色政治和社会状况的考虑的限制。

本法典固有的基本概念是:护士相信人类的本质的自由和人类生命的保存。全体护士均应明了红十字原则及1949年日内瓦决议条款中的权利和义务。

本行业认为国际法规并不能包括护士活动和关系中的一切细节。有些人将受到个人哲学观和信仰的影响。

1. 护士的基本职责包括三方面:保存生命、减轻病痛和促进健康。
2. 护士应始终保持高标准的护理和职业实践。
3. 护士不仅应该有良好的操作,而且应把知识和技巧维持在恒定的高水平。
4. 患者的宗教信仰应受到尊重医学教育网搜集整理。
5. 护士应对信托给他们的个人情况保守秘密。
6. 护士不仅要认识到职责而且要认识到他们职业功能的限制。若无医嘱,不予推荐或给予医疗处理,护士在紧急情况下可给予医疗处理,但应将这些行动尽快地报告给医师。
7. 护士有理智地、忠实地执行医嘱的义务,并应拒绝参予非道德的行动。
8. 护士受到保健小组中的医师和其他成员的信任,对同事中的不适当的和不道德的行为应该向主管当局揭发。
9. 护士接受正当的薪金和接受例如契约中实际的或包含的供应补贴。
10. 护士不允许将他们的名字用于商品广告中或做其他形式的自我广告。
11. 护士与其他职业的成员和同行合作并维持和睦的关系。
12. 护士坚持个人道德标准,因这反映了对职业的信誉。
13. 在个人行为方面,护士不应有意识地轻视在她所居住的工作地区居民风俗习惯和所做的行为方式。
14. 护士应参与并与其他公民和其他卫生行业所分担的责任,以促进满足公共卫生要求的努力,无论是地区的、州的、国家的、国际的。

《护理伦理学》数字化辅助教学资料

一、网络教学资料

1. 网址 www.ecsponline.com/topic.php?topic_id=29

2. 内容

(1) 教学大纲及学时安排

(2) 教学用 PPT 课件

二、手机版数字化辅助学习资料

1. 网址(二维码)

2. 内容

(1) 知识点/考点标注

(2) 练习题:每本教材一套,含问答题、填空题、选择题等多种形式

(3) 模拟试卷

三、相关选择题答案

第1章 绪论

1. D 2. C 3. B 4. A 5. D

第2章 护理伦理学的理论基础与规范体系

1. B 2. B 3. A

第3章 护理伦理学的原则

1. D 2. A 3. D 4. A 5. D 6. C 7. B 8. B

第4章 护理人际关系道德

1. A 2. D 3. C 4. C 5. D 6. B 7. B 8. D 9. A

第5章 护患双方的权利与义务

1. B 2. D 3. E 4. E 5. D 6. B

第6章 社区卫生保健和康复护理道德

1. D 2. C 3. D 4. B 5. C 6. D

第7章 临床护理道德

1. ABCD 2. ACD 3. A 4. ABCD 5. ABC 6. C 7. ABCDE 8. ABCD 9. ABD 10. ABC

第8章 临终护理和尸体料理道德

1. ABCDE 2. ABCDE 3. BD 4. D 5. ABC

第9章 现代医学技术应用中的护理道德

1. A 2. B 3. AD 4. C 5. ABCD 6. D 7. BCE

参考文献

曹志平. 2004. 护理伦理学. 北京:人民卫生出版社.
丛亚丽. 2008. 护理伦理学. 北京:北京大学医学出版社.
杜慧群,刘齐. 2000. 护理伦理学. 北京:中国协和医科大学出版社.
冯家忠,张晨. 2005. 护理伦理学. 北京:中国中医药出版社.
国务院. 2010. 国家中长期教育改革和发展规划纲要(2010-2020). 人民日报.
哈刚,陈莉军. 2013. 护理伦理学. 长沙:湖南科学技术出版社.
何宪平. 2006. 护理伦理学. 北京:高等教育出版社.
姜小鹰. 2012. 护理伦理学. 北京:人民卫生出版社.
李小寒,尚少梅. 2006. 基础护理学. 北京:人民卫生出版社.
罗羽. 2011. 护理伦理学. 北京:人民军医出版社.
孙元儒. 2012. 护理伦理学. 北京:人民军医出版社.
魏万宏,杨春香. 2011. 护理伦理学. 郑州:郑州大学出版社.
徐玉梅,2013. 梅金姣. 护理伦理学. 北京:科学出版社.
曾繁荣. 2011. 医学伦理学. 2版. 北京:人民卫生出版社.
张涛,唐宁. 2006. 护理伦理学. 南京:东南大学出版社.
朱启华. 2011. 护理伦理学. 北京:人民军医出版社.